森達也

# この国を壊すのか

によって滅ぶかもしれない

上杉隆



ビジネス社

# はじめに

今年6月、メディアをテーマにした対談本の依頼を、ビジネス社の唐津隆から受け取った。対談相手は上杉隆。電話やメールではなくて手紙だった。その手紙を読み終えてから、僕はしばらく考え込んでいた。

これまでにも社会やメディアをテーマに、多くの人たちと対談や鼎談をする機会は何度もあった。何冊かは書籍もある。でも話し言葉は書き言葉に比べると、やはりどうしても雑駁になる傾向がある。その場の勢いで相手に合わせてしまうこともあるし、相手を論破しようと無理矢理な論理を喋ってしまったこともある。だからそんなときは、送られてきたテープ起こしを読みながら頭を抱えることになる。もちろんそこに手を入れることは可能だけど、さすがに大きな流れや枠は変えられない。雑誌などの場合には一過性で終わるけれど、書籍は残り続ける。安易に引き受けることはできない。

ただし見方を変えれば、それが対談や鼎談の面白さだということもわかる。予想もしなかった展開になったことは何度かある。結局のところ原稿書きは個人作業だから、自分の枠からは逃れられない。でも対談や鼎談の場合には、話しながらどの方向に転がるのか、まったく予想がつかない場合がある。
つまりドキュメンタリーの定義に近い。撮影する側は被写体を刺激し、そして被写体も撮影する側を刺激する。その相互作用がドキュメンタリーの本質だ。客観的な記録などありえない。ベースになるのは撮る側の主観や作為だけど、被写体によってその主観や作為は大きな影響を受ける。思惑どおりに進まずに頭を抱えることもあるけれど、なるほどそういうことなのかと新たな視点を与えられる場合も少なくない。
つまり（当たり前のことだけど）、対談は相手の存在が大きい。しかもドキュメンタリーのように撮影する側とされる側が決まっているわけではない。互いに撮りながら、互いに撮られることになる。アウフヘーベンできる可能性は常にある。

僕はもう一度手紙を読み返す。対談相手は上杉隆。彼からの指名なのか、あるいは唐津の提案に上杉が同意したのか、そこまではわからない。現時点でわかることは二つだけ。テーマはメディアであることと、話す相手は上杉隆であるということ。

上杉について正直に書けば、依頼を受け取った時点では、詳しくは知らなかった。もちろん名前はよく知っている。特に東日本大震災と福島第一原発事故以降、彼の名前はほぼ毎日のように目にしていた。新聞や週刊誌で彼の書いた記事を読んだことは一回や二回じゃない。テレビで顔を見かけたことも何度かある。彼が主宰する自由報道協会には、何人もの知人が関係していた。とにかくエネルギッシュなイメージだ。そして主張は大胆だ。

もっともこの時期、まったく接点がなかったわけではない。二度ほどシンポジウムで一緒になったことがある。名刺は交換した。でも会話を交わした記憶はほとんどない。なぜなら二度とも上杉は、時間ぎりぎりに来て、終われば打ち上げにも参加せず、そそくさと帰っていったからだ（もしかしたらぎりぎりに来たのは、僕のほうだったかもしれないけれど）。

名刺を交換しながら互いに挨拶したときも、何となく心ここにあらず的な印象を受けた。とても忙しそうだった。シンポジウムの際も他の人が喋っているときに、携帯やノートパソコンの画面を何度も覗いていた。まるで多動症だ。でもそれには理由があるのだろう。

震災と原発事故はこの国と世界にとって、まったく前例のない事態だった。もちろん地震や津波は、昔から数え切れないくらいにあった。この国だけではなく他の国や地域でも。そして原発事故も、過去にはスリーマイルとチェルノブイリがあった。でもこれらの要素が複合したことは、人類の歴史では初めてだ。

時おり思う。日本は不思議な国だ。有史以来から明治時代まで、ずっと外敵に襲われることもなく、この小さな島の中でほぼ自己完結してきた。例外的に元寇があったけれど、このときは神風が吹いて撃退した（実際には吹かなかったとの説もある）。いずれにせよ外敵の侵入は一度もない。だからこそ今も、万世一系といわれる天皇制が続いている。これほどに歴史の古い王朝は、世界のどこにもない。

ところが明治期には一転して世界の列強の仲間入りを果たし、急激に産業を振興させ、中国やロシアなど外国との戦争が慢性的に続く。やがてドイツやイタリアと同盟してアメリカやイギリスなど連合国と戦い、ドイツとイタリアが降伏しても一国だけで戦い続け、遂には二つの核兵器を広島と長崎に投下されて、無条件降伏を求めたポツダム宣言を受諾する。東京も含めて多くの都市は焼け野原だ。天皇は人間宣言を行い、あらゆる価値観がアクロバティックに転換する。ところがその後に奇跡的な復興を成し遂げて、この国はあっというまに圧倒的な経済大国に成長する。

国土の大半が焦土と化し、一般人も入れておよそ３１０万人が死に、しかも核兵器を二つも落とされたこの国が、主権を回復してから17年後にＧＮＰ世界第二位を達成する経済大国になっているとは、誰も予想できなかっただろう。

その高度経済成長と引き換えのように起きた水俣病は、公式には人類史において最初の環境汚染による公害とされている。その後に経済停滞が始まり、宗教団体による世界初のケミカルテロ・アタックが起こり、福島第一原発が爆発した。

要するにこの国は、いつも極端なのだ。中庸がほとんどない。行き過ぎるか停滞するか、熱狂するか沈黙するか、過剰であるか過少であるかのどちらかだ。そして壮大な失敗を繰り返す。何度も何度も繰り返す。

もちろんこの見方は、(逆の意味で)この国を身びいきし過ぎているのかもしれない。世界には200以上の国がある。それぞれの国にはそれぞれの独自な歴史がある。決してこの国だけが特別ではない。

……と考えようとも思うけれど、でもやはり歴史を振り返れば、まるで何かに試されているかのように、世界のケーススタディとなることが使命であるかのように、この国は何度も過ちを繰り返す。両極端を繰り返す。程良さをどうしても保てない。一極集中で付和雷同なのだ。

もちろんこれは、日本人だけの属性ではない。群れて生きることを選択した人類全般の属性だ。

ただし日本人は、この傾向が少しだけ強い。集団と相性がいいのだ。だから振幅が大きい。群れへの従属度が強いからこそ、戦争となると「撃ちてしやまん」と一丸となる。「皇国の興廃この一戦にあり」と連帯する。戦争時の皇国兵士が高度経済期には企業戦士となった。共通することは滅私奉公だ。個人ではなくて帰属する組織のため、彼らは懸命に働いた。

もしこれがこの国の属性であるならば、メディアが果たす役割は大きい。絶対に看過できない。それでなくても両極端に拡大しがちな世相が、市場原理に埋没したメディアによってさらに煽られ、拡大される可能性はとても高いのだから。

誕生したばかりの映像メディア（映画）と音声メディア（ラジオ）は、20世紀初頭に爆発的に世界に広がった。なぜならリテラシー（識字能力）を必要としないからだ。それまでにも書籍や新聞はあった。でもこれらを読むためには教育が必要だ。この時代に教育を受ける階層は決して多くはない。ところが映画とラジオは、リテラシーを前提としていない。金持ちも貧乏人も、貴族も小作人も、政治家も商人も農民も、誰もが享受できるメディアなのだ。

つまり20世紀初頭は、人類が初めてマスメディアを獲得した時期でもある。その影響は大きい。ある意味でルネッサンスの比ではない。人類の日常は大きく変わる。

なぜならマスメディアの誕生は、大規模なプロパガンダが可能になったことをも意味するからだ。こうして20世紀初頭、具体的には1920~30年代、全体主義という政治形態が、同時多発的に誕生する。具体的にはスペインとイタリア、ドイツと日本。実のところ全体主義は、これ以前に歴史に存在していない。マスメディアの存在が前提なのだ。

こうして人類史において最悪の戦争が始まった。もちろんプロパガンダは全体主義だけの特権ではない。民主主義や自由主義も同様だ。メディアを媒介とする熱狂に、人々は感染する。邪悪な敵を滅ぼせと連帯する。正義は勝利すると陶酔する。その意味ではお互いさま。大切なことは、どちらがより多くの人を不幸にしないかだ。

結果的に日本はこの戦争に負けた。核兵器を二つも落とされて。鬼畜米英や焦土決戦などと報じていたメディアは一転して、自由や人権や民主主義の大切さを訴える。そして今、やはり市場原理に支配され続けるメディアは、中国や韓国、北朝鮮の危機を訴える。

本質は結局のところ変わっていない。でも情況は大きく変わっている。映画とラジオは戦後に融合してテレビジョンになった（世界で初めてテレビの実験放送を行ったのはナチスドイツだ）。その後も進化し続けて、今はライブで世界中の映像を見ることができる。9・11以降の世界を考えるうえで、まさしくビル崩壊の瞬間を、映像によって世界中が同時体験して共有したことの意味は良くも悪くもとても大きい。さらに近年は、あらゆる境界を乗り越えるインターネットが誕生し、いずれは既成メディアと融合を果たすはずだ。

そこに存在するのは、とてつもない規模のメディア空間だ。

僕たちはそんな時代に生きている。これほどにメディアが進化したということは、その負の部分が拡大したということを意味する。危険性がより増大しながら充填されていると考えたほうがいい。ならば使いかたを誤れば、人類はメディアによって滅ぶかもしれない。その危機意識を上杉は持っている。だからこそ東日本大震災と福島第一原発事故以降、メディア批判を繰り返した。多動症のように自らを追い込んだ。メディアの不誠実を指摘し、記者クラブの保守性と弊害を告発し、ジャーナリズムが機能しないこの国のメディア状況を問題提起した。

書籍を何冊か読み、上杉の提起する問題意識を僕も理解できた。相当な領域で共有もできた。だから対談を承諾した。きっと面白い展開になるはずだ。

でも期日が近づいたころ、ふと思いついて、ネットで上杉隆を検索した。そして唖然とした。悪評のレベルではない。凄まじい批判だ。匿名の書き込みだけではなく、僕も知っている多くの人が、公然と上杉を批判している。

書籍を読めば、本筋では間違えていないことはわかる。間違えていないどころか、今のこの国において、とても重要な問題を上杉は提起している。でもネットでは凄まじい批判だ。罵倒と言ったほうがいいかもしれない。そのバランスの悪さに混乱した。混乱しながらも、批判される理由や根拠も読んだ。そしていろいろ考えた。

いずれにせよ、批判されている人とは対談できませんなどとは言えない。そんなことは理由にならない。僕も『A』発表後、ずっと多くの人から批判され続けている。対談は行う。そして思ったことを言う。上杉が何と答えるかはわからない。激怒するかもしれないし、青褪めて沈黙するかもしれない。それはそれでよい。客観的な対談など意味がない。誰かのコントロール下にある対談などつまらない。もしもこれについては触れてほしくないと上杉が言うのなら、対談はそこで終わる。唐津は青褪めるかもしれないけれど、ならば書籍にすべきではない。

そんなことを考えながら、7月某日、僕は対談場所に赴いた。

・・・少し書きすぎたかもしれない。これは前書きなのだ。これ以上はやめよう。書籍はここに存在している。だから最悪の事態は回避できたということになる。あとは読者であるあなたが、自分の目で読んで、上杉と森の二人が、アウフヘーベンできたかどうかを確認してほしい。

森達也

はじめに　森達也……1

第一章　オウム事件――メディアと社会の分水嶺
謀略史観とワイドショー的視点……16
テレビ報道を変革させた二つの契機……24
過剰演出のはじまり……27
表現とは本来、減算である……30

第二章　メディアは社会の合わせ鏡である
無謬主義という病理……34
ミスは許しても嘘は許さない海外メディア……39
「王様は裸だ」という指摘の重要性……44

## 第三章　客観中立報道はあり得ない
匿名性の罠を自覚せよ……52
「間違えて当たり前」の文化……54
署名という責任とリスク……60

## 第四章　メディア論とジャーナリズム論を峻別すべし
日本の報道の自由度は発展途上国レベル……66
世界一リテラシーの低い日本の国民……69
「公開」に対する意識の違い……75
自らプレイヤーになる記者クラブ記者……83
誰も正面から取材を申し込まない……89
クリティカル・マスへの期待……95

## 第五章　メディアは市場原理でしか動かない
徒《いたずら》な自主規制は海外では恥である……104
互いにマインドコントロールし合っているという前提……111

メディアの戦いを国民が支えた米国……118
ネットジャーナリズムの可能性……125

第六章　国家権力の監視こそメディアのレゾンデートル
個人が自己決定しない国……130
ジャーナリズムは弱者につくべし……134
国民が楽をしすぎている……138
なぜ、誰も声を上げないのか……146

第七章　上杉隆＝メディア論
ツイッターでタブーを可視化させる……152
自らの発言で社会が動く実感……158
ジャーナリスト休業の真意……160

## 第八章　未だリテラシーを語る段階にあらず

懸念すべき司法のポピュリズム化……172
共同幻想としての統治権力……178
厳罰化でなく寛容が犯罪を抑止する……182
橋下徹の〝わかりやすさ〟を民意は求めている?……185
冤罪も誤報も検証されない不条理……189
メディアは所詮、人間が作るもの……195

おわりに　上杉隆……203

脚注作成は編集部による。一部肩書きは対談時点(2012年7月)のもの。

# 第一章

# オウム事件
# ——メディアと社会の分水嶺

## 謀略史観とワイドショー的視点

**森**　上杉さんとはこれまでシンポジウムなどで顔を合わせることはあっても、じっくり話すことは初めてですね。だから互いに、自己紹介というか自己定義をしませんか。なぜならば僕の場合、ジャーナリストを名乗ったことは一度もないのだけど、扱うテーマが社会派的に見えるからなのか、そんな印象を持たれることが少なくない。肩書を強いて言えば、作家兼映画監督です。あとは大学教員。上杉さんの現在の肩書は何ですか？

**上杉**　元ジャーナリストです。2011年いっぱいでジャーナリストは休業していますから。

**森**　ならば今回は、非ジャーナリストと元ジャーナリストの対談ということになります。そして確認するけれど、対談テーマはジャーナリズムとメディアですね。

**上杉**　そのジャーナリズムとメディアの今日を問う上で、避けては通れないのが1995年のオウム事件です。ちょうど今、菊地直子らの逮捕を受けて週刊朝日が「オウム全記録」という増刊号を出したばかりです。そこにはいわゆるオウム専門家の方

**菊地直子**（1971～）オウム真理教の元信徒。一連のオウム真理教事件の容疑者として指名手配されていたが、2012年6月3日に相模原市内の潜伏先で身柄を拘束された。

たちが登場されていて、各々の論点を提示されているんですが、私はそれらにある違和感を覚えます。

森さんも「A」を制作されていた頃からこの事件には深くコミットされているわけですが、彼らの論点と森さんの論点はかなり違うという印象を私は持っています。それで、オウム事件が起こった当時のメディアの状況と今のそれがどう変わったのか、あるいは変わっていないのか――その辺りからお話いただけたらと思います。

**森**　事件発生当時、僕はテレビの制作会社に所属していました。メディアとしては、まさしくメインストリームの位置にいたわけです。当時の状況について確実にいえることは、とにかくあらゆる意味でパニックだったということです。テレビは早朝から深夜まで特番態勢が続き、新聞一面は毎日オウムで、号外も頻繁だったし、雑誌も臨時増刊を連発するという状況でした。しかもそんなメディア状況が、一年近く続きました。

それほどにオウム報道が過剰になった要因のひとつは、地下鉄にサリンを撒《ま》いて不特定多数の人を殺傷しようとしたという事件の衝撃だけでなく、その後もさまざまなサイドストーリーが輻輳《ふくそう》したからだと思います。たとえば村井秀夫さんの刺殺事件や警察庁長官狙撃事件、坂本堤弁護士一家の遺体捜索やTBS問題、他にも多くの事件が次々に発覚して、さらには多くのオウム・ウオッチャーと呼ばれた人たちや個性豊

**地下鉄サリン事件**　1995年3月20日に営団地下鉄で宗教団体のオウム真理教が起こした神経ガスのサリンを使用した同時多発テロ事件。
**松本サリン事件**　1994年に長野県松本市で猛毒のサリンが撒かれ、死者8人、重軽傷者660人を出した事件。

かな弁護士たちの登場など、まさしくドラマかロールプレイング・ゲームのように、次から次へといろんなイベントが発生する。それが日本人の下世話な関心も含めた好奇心を刺激して——もちろん事件自体の衝撃度もすさまじいものでしたし——あれほどに突出した社会現象とメディア状況が生じたのだと思います。

今回は特別指名手配だった三人の逮捕を受けてメディアにオウム熱が再燃しているわけですけど、そのボルテージはぜんぜん違います。長続きはしないと思う。ただ、報道の骨格そのものは、ワイドショー的な視点と謀略史観的な考察という意味では、当時とあまり変わっていないという気がします。この二つは当時のオウム報道においても、やはり突出した特徴でした。

考えてみれば、オウム事件からすでに17年が経過しているわけで、前線の記者たちも二世代ぐらい交代しているはずです。当時の一連のオウム報道に関しては、たとえば松本サリン事件などが示すように、メディアもさすがに反省したと思うし、また反省してしかるべきです。しかし結局は、その反省が今の世代にまったく受け継がれていない。踏襲されていない。だから今回の一連の逮捕劇についても、17年前と同じような視点や手法で終始している。

そもそもは今回の逮捕劇に、連日トップニュースで扱うほどのバリューがあったと

**村井秀夫**（1958 ～ 1995）オウム真理教の幹部。教団では麻原彰晃に次ぐナンバー２の座にあったが、教団東京総本部前で刺殺された。

は僕には思えません。にもかかわらず、テレビも新聞も大事件の扱いでした。その理由のひとつは、サリン事件発生当時に前線にいた記者やディレクターたちが今はデスクとかプロデューサーとかのポジションにいるわけで、きっと当時の記憶が喚起されると同時にアドレナリンが放出されたのだろうなと考えています。報道って時おり、こういうアンバランスが起こります。だけど、今さらオウムでは数字はとれないから、今回のオウム熱は急激に引くだろうと考えています。上杉さんが言った週刊朝日の増刊号に関しては、僕は読んでいないけれど……。

**上杉**　週刊朝日に関しては、まさに森さんが指摘した通りです。社の上層部がノスタルジーで増刊まで出してしまった。たまたま同誌の若手と話をする機会があったんですが、彼ら・彼女らって事件当時、まだ小中学生です。だから、取材しながらもなぜこの事件にそれほどのニュースバリューがあるのかがわからない、こんな古い話が増刊になることの意味がわからない、そのうちのひとりは正直、意義の見えない仕事だったと言っていました。

**森**　風化させてはならないみたいなことを多くの人は言うけれど、サリン事件からはもう17年が過ぎています。風化して当たり前というか、風化しなければ不自然です。でもならばなぜ、これほどに風化に抗う意識が前面に配置されるのかといえば、事件

**坂本堤**（1956～1989）神奈川県横須賀市出身の弁護士、自由法曹団員。オウム真理教によって殺害（坂本堤弁護士一家殺害事件）された。
**警察庁長官狙撃事件**　國松孝次警察庁長官（当時）が1995年3月、何者かに狙撃された事件。2010年に殺人未遂罪の公訴時効を迎えた。

によって社会に刻まれた不安や恐怖の感覚が、まったく解消されていないからです。だからこそ謀略史観的な視点がいまだに命脈を保っている。例えば平田信《まこと》が出頭したとき、佐々淳行さんはネットで「平田出頭は金正日《キムジョンイル》死去と関係がある可能性が高い」との主張をしています。

**上杉**　本当ですか？　何の関係があるんですか？

**森**　要するに北朝鮮系のテロ支援組織が彼ら逃亡犯をずっとサポートしていたけれど、金正日という庇護者が亡くなったから平田は出頭せざるを得なくなったということのようですね。

**上杉**　ああ、そういえば北朝鮮背後説とか旧ソ連がどうのこうのとか、当時からいろいろありました。本当に典型的な陰謀論ですね。

**森**　発想がまったく逆です。北朝鮮系テロ支援組織だのオウムの残存組織などが本当に存在して逃亡を支援していたなら、これほど長く逃亡できなかったと思います。ほぼ単独だからこそ、17年間も潜伏できたのです。

**上杉**　今回の（元）信者逮捕を受けてのオウム報道で再登板してきた人たちって、言っては悪いですけどコメントを聞くに堪えない。たぶん、私と森さんには事象や現象は限りなく多様であるという共通認識があると思うんですけど、（元）信者たちの内面

**平田信**（1965～）オウム真理教の元幹部。長期間逃亡していたが、2011年12月31日に警察署に出頭。
**佐々淳行**（1930～）警察官僚出身の評論家。外交・防衛・治安に関するコメンテーターとしてテレビ出演することが多い。

もそうで、信仰に対する角度は一人ひとり違うわけじゃないですか。それをいっしょくたにまとめてコメントする、相当無理があるなと思って私は聞いていて気持ちが悪くなるんです。

その辺、いかがですか？　そうしたコメンテーターたちの論点も含めた今のオウム報道の在り方について。

**森**　たまたま目についたので例に挙げたけれど、佐々さんだけではなく多くの識者やジャーナリストが、オウムというパラメータを方程式に代入した瞬間に、陰謀論的な見方になることが多いですね。いきなり憎悪や恐怖などの感情が剥きだしになる人も少なくない。

いずれにせよオウムは、あの時代にメディアやジャーナリズムの場に身を置いていた人にとって、思考や論理のパラダイムを一気に変えてしまう要素であることは確かです。だから僕はオウムにこだわります。ただし、問題はオウムそのものではなく、オウムによって急激に変わり、そして今も現在進行形で変わりつつあるこの社会です。オウムそのものは触媒でしかない。

今回のオウム報道についてさらに言えば、一方で菊地直子の逃亡劇を「愛の逃避行」として描いたように、ワイドショー的な視点も健在です。ただ、僕はそれ自体を否定

**金正日**（1941～2011）朝鮮民主主義人民共和国の政治家、軍人。同国を建設した金日成の長男であり、同国最高指導者の地位を父より継承。

はしません。そういう視点もあってもよい。でもほとんどの報道がそれ一色になっちゃったのは、ずいぶんだなと思いました。

総じていえば、先ほども言いましたけど、オウムに関してはみんな不安が払拭できていないんです。だけど、その不安の正体がわからない。だから謎や闇などの語彙を使いたくなるし、風化させるなみたいな掛け声ばかりが高くなる。でもならば、どこに謎とか闇があるんですかと問うたら、おそらく誰も答えられないと思う。だって、サリン事件の実行犯たちがどのように指示を受けて、どんなことを考えながら、どのようにサリンを撒いたかについては、ほぼすべて裁判で明らかになっています。もう謎や闇はほとんどない。ただしひとつだけ、とても重要な要素がまったく解明されていない。

信者たちは指示されたから撒いた。それは明らかです。でもならば、麻原彰晃がなぜサリンを撒くことを指示したのか、つまり動機は何だったのか、その核心部分がまったく解明されていない。だからこそ、誰もが不安を払拭できないし、謎とか闇などの言葉をいまだに使いたくなる。オウムをきちんと風化させるために必要不可欠な作業、つまり麻原という人間の分析や解明が社会の憎悪によってブラックボックスに押し込められたことが、メディアや報道の問題のみならず、われわれの社会全体がオウム事件にいまだに躓き続けていることの最大の問題点だと思います。

**麻原彰晃**（1955～）宗教家、宗教団体オウム真理教（現アレフ）の元代表。本名は松本智津夫。国家転覆を企てたテロ事件の首謀者であり、一連の事件により確定死刑囚となった。

**上杉**　麻原に関しては、その動機を解明することはまず無理なわけですよね。彼はそれについてほとんどしゃべっていないし、今となってはすべて想像の彼方でしかない。

**森**　一審の前半では英語まじりでいろいろしゃべっていましたけど、ほとんど妄想に近かったですね。

**上杉**　現在の麻原の状態というのは、ある程度、わかっているのですか？

**森**　ほぼ廃人状態のようです。眼球を摘出されているとの情報もあります。でも誰も会えないので、正確な状況はわからない。特に死刑確定後、彼と面会できた人はほとんどいない。『Ａ３』に書いたように、彼のコミュニケーション能力については、一審の途中で失われた。僕はそう思っています。でもこの社会は、彼を治療して裁判を継続することを選択しなかった。

**上杉**　メディアに対して不思議に思うのは、「わからない」ということをいわないことなんです。麻原がしゃべらないからここの部分はわからない、はっきりとそう言えばいいんです。それができないから、「心の闇」というようなあいまいな言葉に逃げる。私はこの言葉が大嫌いなんです。なんの事件でもそうですけど、わからないことがあると、そこから先は「心の闇」になってしまう。それはたんなる取材不足の言い訳です。ちゃんと取材した上で、ここまではわかるんだけどここから先はわからない、なぜそうはっきり言わないんだ。さきほど不安という言葉を使われましたけど、その不安は「わからないこと」に対するジャーナリスト自身の不安ですね、メディアとジャーナリズムの問題に引き付けていうと。だから、みんな横並びで「愛の逃避行」に走る。それだけのことなんじゃないかと思います。

## テレビ報道を変革させた二つの契機

**上杉**　やはりメディアに多様性がないことが大きな問題なんだと思います。たとえば森さんみたいに横並び意識とはまったく別の角度からバンと問題提起する人が現れる。それだけでメディアは活性化します。たとえばテレビ東京はこういう方向性でやる、ＴＢＳはまた別の視点でやる、日テレはそれこそ佐々さんを追いかける（笑）。出版も含めて。それでいいと思うんです。ところが、今のメディアはどうしても横一線の報道になってしまう。それこそオウム事件の頃からテレビ報道・新聞報道というのはほとんど成長していないように見えます。

**森**　成長ではなく劣化ならば、いくつか挙げることができます。たとえば今は、朝や昼のワイドショーで事件ものを扱うことは当たり前です。でも実のところこれは、オウム以降に顕著になった現象です。それまでのワイドショーの主軸は芸能ネタで、報道との棲み分けがありました。ところがサリン事件以降は、すべてのワイドショーがオウム報道に特化しました。その結果として境界が溶解してしまった。もちろん一概にこの状況を悪いとは言わない。ワイドショーで事件などをとりあげる意味はあります。でもジャーナリズムの水準が下がったことは確かです。

テレビにモザイクがこれほどに氾濫するようになったのもオウム以降です。あるいは日本中の駅のゴミ箱が透明な樹脂で作られていることや監視カメラの増殖など、社会においても多くの前提が変わりました。厳罰化が加速したのもオウム以降です。でも17年が過ぎているから、誰も以前との違いを思いだせなくなっている。それぞれ後段でもう一度触れたいと思います。

**上杉**　そうか、いわれてみると昔のワイドショーって事件ものは扱っていませんでした。

**森**　まったくなかったわけじゃないけれど、オウム以降は明らかにパーセンテージが変わりました。ワイドショーで政局や事件報道などをやったら、昔は報道からテリトリーを侵犯するなと抗議されたそうです。

テレビの報道には二つの変革があって、一つは久米宏さんがキャスターを務めた「ニュースステーション」の成功です。アナウンサーが渡されたニュース原稿を読む

**久米宏**（1944～）フリーアナウンサー、司会者。1985～2004年まで「ニュースステーション」のメインキャスター。

だというそれまでのスタイルを一変して、ショーアップの導入に成功し、視聴率とは縁がなかったニュース番組が、演出によっては重要な商品となることに各局が気づいてしまった。……今、気づいてしまったというネガティブな言いかたを僕はしたけれど、ニュースのエンターティメント化については、もちろん功と罪の両方があります。でも番組立ち上げ時のディレクターたちを何人か知っていますが、……いわゆる団塊世代で僕の先輩たちなのだけど、「俺たちが日本の報道をダメにした」との言葉を何度か聞いたことがあります。確かにテレビ・ジャーナリズムを視聴率という市場原理と結びつけた番組の嚆矢《こうし》は、「ニュースステーション」だっと思います。

**上杉**　「ニュースステーション」のオンエア開始は1985年10月7日ですが、当初の視聴率は苦戦していたんです。それが、翌86年1月にチャレンジャー号打ち上げ事故が起こって、その報道で数字がぽんと上がったんです。そのあとフィリピン革命の現地報道でまたぐんと上がって、4月にチェルノブイリ原発事故が起こる。つまり、ニュースに助けられたわけです。そうした草創期の「ニュースステーション」の動向を、文藝春秋であの番組の取材をしていたときに知りました。

取材していたのは2003年ですね。久米さんが辞める直前です。「ニュースステーション」と久米宏という人物を、たまたま追う機会があったわけです。それで、久米

**チャレンジャー号事故**　1986年1月28日にアメリカ合衆国のスペース・シャトル「チャレンジャー号」が射ち上げ直後に分解した事故。

さんは「ニュースステーション」在籍時代に外部ライターのインタビューを2回だけ受けているんですが、そのうちの一人が私なんです。私以外のもうひとりは久米さんがご自身の著書を出されたときで、その書評のためのインタビュアーでした。私は純粋に彼に興味があった。それで、「ニュースステーション」のプロデューサーやディレクター、永六輔さん、黒柳徹子さんなど、昔の久米さんの小・中・高・大の同級生なども含めて関係者を全部当たって、最後、その取材結果を久米さんにぶつけたんです。そのとき、久米さんや関係者がいっていたのが、ニュース＝素材モノはやはり強いということでした。「ニュースステーション」も最初は半年で終わると言われていたのがニュースに助けられた。そこから、NHKとは反対のカタチでですが、とにかくニュースだけをやればいいんだというコンセプトが固まっていったようなんです。だから、久米さんたちにしても最初は日本の報道を変革するとか、良くするとかいう意識は全然なかったんじゃないかと思います。

## 過剰演出のはじまり

**森**　ニュースだけを虚心にやればいいということなら、従来の報道はすべてそうでし

**フィリピン革命**　1986年2月のフィリピン大統領選を契機に同国で起こった革命。マルコス政権が打倒され、アキノ政権が樹立された。

た。そうではなかったからこそ「ニューステーション」は、良くも悪くもパイオニア的な番組になったわけです。とにかく功罪がありました。でもテレビ・ジャーナリズムの形を変えたもうひとつの要素であるオウム報道には、「ひとつの功もなかった」と断定できると思います。

つまり「劣化」です。たとえばモザイク。この手法そのものは、もちろんオウム報道以前にもありました。でも、あくまでも苦肉の策でした。

本来、僕ら映像表現行為従事者は、テロップやモザイクなどで画を汚したくないと思うはずです。理屈ではなく生理です。でもその意識が、オウムによって変わりました。なぜなら事件当時は、とにかく朝から晩までオウム特番だらけでした。でも素材がない。麻原も含めて実行犯や幹部信者のほとんどは、すでに逮捕されているから撮りようがない。撮れるのは一般信者たちだけど、犯罪に加担していない彼らの顔を、悪のオウムとしてテレビで晒すことはさすがにできない。だから当然のようにモザイクです。苦肉の策ではなくて前提になってしまった。

こうして何かを隠すための存在のはずだったモザイクが多用される過程で、ネガティブな人や場所であるとの意味や記号性を獲得してしまった。ならば臨場感やスリルを強調できる。凡庸な映像でもモザイクによって危険さや非日常さを演出できる。

言い換えれば、画を汚すことに麻痺してしまった。テロップやワイプなどの手法を多用するようになったのも同じ時期です。

**上杉**　それを聞いて思い出したんですけど、公設秘書給与搾取（流出）事件というのが問題になったことがあったでしょう？　あのとき、私はもう議員秘書は辞めてジャーナリストになっていて、テレビのコメンテーターなどもしていたんです。で、テレビというのは画《え》が欲しいですから、議員秘書を出演させようとするけど、当然、誰もそんなものには出ません。それで、元議員秘書ということで僕にお呼びがかかったわけです。そのとき、どこの局か忘れましたけど、演出家の方がパーテションの裏でしゃべってくださいっていうんです（笑）。そんなの嫌だというと、わかりました、音声変えて顔にはモザイクを入れます（笑）。なぜ、そんなことする必要があるのと聞くと、いや、元議員秘書で出演していただいてる人が、同時にコメンテーターをされていることがわかってしまうとまずいからと。それってやらせでしょって言いましたよ。自分のコメント映像に自分でコメント出すなんて。僕はコメンテーターとして出演しているわけだから、元議員秘書としてふつうにしゃべりますっていうんですけど、それはだめだって言うんです。変わってるなと思いました。そういうことを平気で頼んでくる神経がすごいですよね。

**公設秘書給与搾取事件**　2002 年に発覚した事件。社会民主党の国会議員やその秘書らが議員秘書給与を不正に搾取しており、社民党議員ら 4 人が逮捕され、全員が有罪判決を受けた。

まあ、僕が元議員秘書のコメンテーターとして、ふつうに実名でコメント出すより、モザイクで顔を隠した匿名の人に語らせた方がより本物っぽいという演出意図なのでしょうけど。そういうやらせも厭わない強引な演出手法って、もしかしたらオウムの頃からはじまったのかなと、森さんのお話をうかがっていて思いました。

**森**　テレビ業界に入ったばかりの頃、ＡＤとして担当していた番組が夜中にオンエアされるので、制作会社でディレクターと一緒にテレビを見ていました。その番組が放送される直前に地震が起きた。それほど大きな揺れではなかったのだけど、揺れが収まると同時にディレクターが、テーブルを蹴り倒してバカヤロウと絶叫して頭を抱え込みました。地震速報のテロップが画面に映り込むからです。当たり前の感覚です。でもそんなディレクターはもういません。時代が変わっただけではない。明らかにオウム以降にテレビ報道は変わりました。それも悪い方向に。

## 表現とは本来、減算である

**上杉**　テロップやモザイクを入れる作業って、手間がかかるように見えて実は逃げの手段というか、映像だけで勝負できないからそういう演出に走っている部分ってありませんか？　それは、作りをむしろ単純化しているようにも思えます。

**森**　もちろん結果的には単純化です。でもこれはメディア側だけを責められない。観る側や読む側が複雑さを敬遠する傾向が、近年は特に強くなっています。テロップやモザイクが示すように、要素を増やしながら単純化する方式です。

　そもそもテレビは加算のメディアです。足し算せずにはいられない。ここにひとつの映像があります。でもそれだけを単独で放送することなどありえない。テロップを入れてモザイクをかけて、ＳＥ（サウンド・エフェクト）や音楽を入れてナレーションを加える。さらにスタジオ要素も入れてセットに配置したコメンテーターやタレントたちにコメントさせながら映像を見ているときの顔をワイプで切り抜いて見せる。特にバラエティ番組の場合は、ひな壇に座らせた一般の人たちの笑い声などを収録して、それらスタジオ要素とＶＴＲをもう一回重ねながら編集する。最近ではスタッフの笑い声を入れることやＣＭ前とＣＭ後に同じ映像を重ねることもセオリーになってしまいました。とにかくすべて足し算です。

　でも表現において重要なことは、加算ではなく減算なんです。情報満載とかわかりやすくとか、すべて表現としては自殺行為です。

**上杉**　そうか。減算すると視聴者には考える余地が生まれますよね。

**森**　はい。考えさせるからこそ、より深く届きます。ところが今のテレビは加算を重ねることで、観る側に考えさせないメディアになってしまった。これを逆に言えば、わかりやすい結論ばかりを視聴者が求め、考えたがらなくなってしまったということでもある。今のテレビの過剰演出は、視聴者の選択でもあるのです。

その意味ではオウムは、資本主義経済下でメディアが陥る状況の典型を具現化してしまったといえます。95年以降のメディアは、わかりにくいものを排除する傾向がとても強くなった。白か黒か。正か邪か。右か左か。敵か味方か。こうした二項対立がいちばんわかりやすい。でも現実は複雑です。二項対立だけで説明できる現象などほとんどない。だから加工します。四捨五入して端数を削る。もちろん単純化はメディアの機能であり属性でもあるけれど、その傾向が急激に加速しました。さきほど上杉さんがメディアは「わからない」ということをはっきりと言えと言ったけれど、わからないという術語を嫌っている根源は、メディアではなく視聴者や読者です。結論を求める傾向が、やはりオウム以降に加速した。そしてメディアは民意に従属する。そのメディアに民意はまた刺激される。つまり相互作用ですね。こうして皮肉なことに、発達したメディアによって、世界の矮小化が進みます。

第二章

# メディアは社会の合わせ鏡である

## 無謬主義という病理

**上杉**　メディアも社会も、世の中にグレーゾーンがあることを認めたくない。それと、100人の人間がいたら100通りの意見があることが当たり前なのですけど、日本の文化というのはそれを許さない部分がある。僕がそのことをいちばん感じたのは、田中眞紀子さんに関する一連の報道です。

実は、田中眞紀子さんが小泉政権で外務大臣になる前、文芸春秋と週刊文春で彼女について連載していました。彼女の秘書とかお手伝いさんとかに取材して。で、当然良い話ばかりが出てくるわけではありませんから、批判的なことも書きます。それで雑誌連載の後、それを本にして出して、もうこの人とはかかわりたくないなと思っていたら、彼女が外務大臣になってしまったわけです。それで眞紀子ブームが起きた。

さすがに大臣に就任して時の人になったら、彼女に関する報道もヨイショ一色ではなくなるだろうと思っていたのに、結果、批判する人が一人も出てこなかった。本当に誰ひとりいなかったのです。そんな中、最初は彼女を批判した僕の文春の記事を「あれは噴飯ものだ」と逆批判していた産経新聞が、あるとき、「上杉氏の文春の記事を

**田中眞紀子**（1944～）政治家、衆議院議員。科学技術庁長官、外務大臣などを歴任。父は第64・65第内閣総理大臣の田中角栄。夫は第10代防衛大臣の田中直紀。現・文部科学大臣。

笑う人間は外務省の中にはひとりもいない。実体はあれよりもっとひどい」という意味のことをはじめて書いた。その後テレビ局に呼ばれて、僕が知る田中眞紀子さんの実像を生放送でしゃべったわけです。そうすると、放送中に苦情の電話とファックスが冗談抜きで鳴りやまなかったらしい。各局一回ずつ生放送で出たのですけど、ぜんぶ一回で終わり。次からは収録でお願いしますということになりました。それで僕が彼女に関するいろいろなエピソードを話すと、局の担当者がうなずきながら聞いてくれるのです。

「そうですよねえ、本当にひどいですよねえ、ウチもドタキャンされて」みたいな感じで。そして、ついでのように「田中眞紀子さんにはいいところはないんですか?」というようなことを尋ねてくる。こちらは「まあ、突破力とか、既成概念にとらわれないところとかはいいんじゃないですか」とか答えるわけです。すると、放送ではその部分だけが使われる。あたかも、僕が田中眞紀子さんを褒め称えているかのように放送されてしまうのです。

そうなると、僕が文春の連載時に取材させてもらった秘書の人たちには裏切りと映ってしまうわけです。「こっちは覚悟していろいろしゃべったのに、君は何だ!テレビに出たいだけだったのか⁉」と怒って言われる。僕に対する信頼がどんどん失われてしまった。これはたまったものじゃないと思って、テレビには生放送しか出ないと決めたことさえありました。テレビ局って白か黒かどころじゃなくて、たとえば田中眞紀子さんが人気を集めているとなると、彼女に対する反対意見さえ許さないようなところがある。これって、もしかすると日本社会の特徴なんじゃないかって、考え出しているのですが。

**森**　メディアの影響力は凄まじい。だからこそ常に批判され続けなければならない。でもメディアをマスゴミなどと呼称して高みから嘲笑するような、いわゆるネットの掲示板的な批判のありかたは、本質を必ず見失います。メディアは社会の合わせ鏡でもあるわけです。メディアがダメならば社会がダメなのです。どちらかだけということはありえない。日本のメディアがかなり特殊な属性をもっているならば、それは間違いなく日本社会の歪みと呼応しているはずです。

そこで、ニューヨーク・タイムズの記者をされていた上杉さんにお聞きしたいのが、アメリカのメディアと日本のメディアの違いについてです。2年前にNHKの仕事で、ワシントン・ポスト副社長のレナード・ダウニーにインタビューしました。新聞社のトップの位置にありながらウェブメディアの活用を率先して進めるダウニーは、1972年のウォーターゲート事件の際には現場の記者でもありました。だからイン

**レナード・ダウニー**（1942～）ワシントン・ポスト紙副社長、ジャーナリスト。1991年から17年にわたり同紙編集主幹を務めた、米国ジャーナリズムの牽引者の一人。

タビューのテーマも、過去の歴史を踏まえたジャーナリズムのあり得べき未来像ということにしました。そのときに感心したのは、彼の思考や発想が、とにかくポジティブなことでした。

イラク戦争を契機にしてダウニーは、現場から離れました。自分では降格という言い方をしていましたけど。なぜ現場を離れたかというと、結果的にイラク戦争を後押ししてしまったことの責任を取ったわけです。ご承知の通り、アメリカのイラクへの攻撃を正当化したのは、同国が大量破壊兵器を所持しているという大義名分でした。開戦前のワシントン・ポストもまた、イラクには大量破壊兵器があるという報道をしていました。ほぼ断定です。実は、記者の一人が大量破壊兵器などないというソースを掴んで記事を書いたのだけど、ダウニーは自分の権限でその記事の扱いを小さくした。彼はそれが自分のミステイクであったことを認め、現場を去ったわけです。

イラク戦争のときはワシントン・ポストだけでなく、全メディアがブッシュ政権を強力にプッシュしました。……洒落になっちゃった（笑）。とにかく後押ししました。あれは大いなる間違いであり、間違いであったからには訂正するという姿勢を、アメリカのメディアは明確に出しています。間違いを認めることができるということは、自分たちの復元力を信じているということでもある。つまり社会を信頼しているからこそ、間違いに気づけばそれを表明するし、検証や反省の過程でさらに論点を出してくる。止まらないんです。常に前に進んでいる。翻って日本のメディアと社会はどうか。われわれはそうした自浄能力を把持していると言えるだろうか。

その点、僕はとても否定的なので、ダウニーからは「何でお前はそんなにネガティブなんだ。社会を信じろ」と何度も言われました。徹底してポジティブです。実際にアメリカのメディアに身を置いた経験から、上杉さんはどう考えますか?

**上杉** 僕も海外に取材に行って現地のジャーナリストたちに会うと、たちどころにポジティブになります。たとえば欧州のジャーナリストたちとご飯食べながら話をしていると、「日本のジャーナリズムを何とかしよう、よしいける」となるのです。ジャーナリズム論というのは世界共通のものです。そこには共通のルールというのがあって、とにかくジャーナリストといえども人間なのだから間違うことはある。新聞にしろテレビにしろ、しょせん人間が作ったものですから必ず間違いは起こります。そこで、肝心なのは間違いを起こさないことじゃなくて、起きてしまった間違いに対して謙虚であること。これがジャーナリズムの共通ルールです。間違いを起こしたら、それを反省し、徹底的に検証し、そこから新しい情報提供を生む。ジャーナリズムというのは、この繰り返しです。ところが、日本のジャーナリズムというのはそれを誰もやらない。無謬主義なのです。間違いはダメというのが日本のジャーナリズムの特徴です。

## ミスは許しても嘘は許さない海外メディア

**森**　無謬主義の要因の一つは、やはり記者クラブですか？

**上杉**　記者クラブだと思います。記者クラブが作った、いわゆるメディアシステムです。そのシステムの中に入ってみて、ああこれを変えれば全体が変わるなということがわかったので、記者クラブ開放運動のようなことを13年間もやってきたわけです。そこで気が付いたのは、メディアシステムの特徴というのは、端的にいえば情報の一元化・管理化です。しかし、そこで大きな問題になるのが、その管理を誰か特定の個人が担っているのではないということ。無意識のうちにシステム自体が管理しているという構造になっていることです。

最近、「システム独裁」という言葉を使い始めているのですけど。たとえば、チュニジアとかリビアみたいな国のように、独裁政権があって一人の独裁者が決定的な力を持っているのなら、まだ話は早い。その独裁者を倒せばいいわけですから。しかし、日本の記者クラブの場合、そこにいる一人ひとりは良心の塊のような人たちです。それが集まって全体になると悪いことをするという、合成の誤謬《ごびゅう》が繰り返し起こっているのです。

記者クラブ批判は後段に譲るとして、話を戻します。海外メディアといっても、私が知っているのは主にアメリカの事例ですけど、アメリカ人のジャーナリストというのは間違えたことに対してものすごく謙虚です。そして、間違いを不断にチェックするという姿勢がある。

私がタイムズに入ったのは1999年ですけど、まず驚いたのは「correction」、日本でいうと「訂正欄」に紙面の実に大きな部分を割いていることでした。最初はタイムズともあろうものが毎日とんでもない間違いを犯すものだなと思っていたけど、よく読んでみると「correction」と日本の「訂正欄」には決定的な違いがある。何月何日の記事にはこう記しましたが、正しくはこうでした。お詫びして訂正します。ここまでは「訂正欄」と同じです。違いはその先にあります。「correction」では、その間違いがなぜ起こったのかを徹底的に検証していく。たとえば、私たちが間違ったのは情報源Aから提供された情報を鵜呑みにし、裏取りを怠ったためである。情報源Aが嘘の情報を流したことが後に情報源Bに取材して判明した。正しい情報はこれこれであった。申し訳ありませんでした。ここまでやって完結なのです。

**合成の誤謬**　個々人が合理的な行動をとった場合でも、他の多くの人が同じ行動をとることによって、不都合な結果が生じてしまう現象。

さらに、過去の記事に関する検証なども徹底しています。たとえば1986年1月に起きたチャレンジャー号爆発の報道に関して、後に公文書が公表されて新たな事実が判明した。それによると同記事はここが間違っていた。正しくはこうであった。お詫びして訂正する。そういうことを不断にやっている。

すごいなあと思うと同時に、日本の新聞報道に馴染んでいた自分は疑問も持つわけです。それで支局長に訊きました。ニューヨーク・タイムズともあろうものが毎日こんなに間違いを犯してしまうと読者の不信を招くんじゃないですか、と。すると彼は「何言ってるんだ、逆だろ！」って言うのです。で、先ほどの共通ルールの話になった。新聞もしょせん人間が作っているものだから間違いは必ず起こる。われわれも ミスは嫌っているがミスは起こるものだ。われわれはそれを隠そうとする誘惑に勝たなければならない。もし、君がそういう誘惑に負けたら君のキャリアは終わりだ――最後の部分は忠告です。

実際、そうなってしまったのがジュディス・ミラーです。ピューリッツァーも受賞した輝かしい経歴を持つ記者でしたけど、彼女の場合、イラク開戦前に大量破壊兵器疑惑の記事を何本も書いていたわけです。そのミスが問題だったわけではない。間違いを指摘されたときに、「大量破壊兵器の実在を証明する情報源がいる、私はその人

**ジュディス・ミラー**（1948〜）アメリカ人ジャーナリスト。元ニューヨークタイムズ記者。ピューリッツァー賞受賞のベテラン記者だったが、イラクの大量破壊兵器疑惑に対する誤報が元で同紙を馘首される。

に会っている」という嘘をついてしまった。その嘘が致命傷となってタイムズを解雇されてしまったのです。

**森**　映画「グリーン・ゾーン」では、彼女をモデルにした女性記者が登場しています。今はどうしているのですか？

**上杉**　わからない。追放ですから。アメリカのメディアが厳しいのは、ミスは100回してもいい。ただし一回でも嘘をついたら所属する会社を解雇されるだけじゃなくて、メディア全体から追放になることです。そういう意味では、ミスに寛容で嘘に厳しいのがアメリカ。キリスト教文化の影響もあるのかもしれません。

日本の場合は逆です。記者クラブ制度の下では嘘をついた方が出世できる。ミスをすると降格になるけど、嘘をついてそれがバレなければ出世する。だから、みんな一か八かで嘘をついてしまう。全員が嘘をつくから、たまに真っ正直にデータに基づけば放射能は出ています（笑）とか言う人が出てくると、「王様は裸だ」と指摘する子供のようなものですから、あいつはデマゴーグだとか言われてしまうことになる。記者クラブのシステムというのはそういうものです。だから、それを壊すのがいちばんいいと思ったわけです。

記者クラブシステムの問題点については、海外から来た特派員で日本に長くいる人

**マーティン・ファクラー**（1966～）アメリカ人ジャーナリスト。2009年からニューヨーク・タイムズ東京支局長を務める。

はみんな気付きます。たとえば2009年からニューヨーク・タイムズの東京支局長を務めているマーティン・ファクラー。

彼は最近『「本当のこと」を伝えない日本の新聞』という本を出しましたけど、そこで主張されていることは僕が4年前に『ジャーナリズム崩壊』で主張したこととまったく一緒。タイムズの東京支局にきた特派員はみな、記者クラブのことをぼろくそにいいます。最悪のシステムだと。

ところが在日経験の浅い海外のジャーナリストたちにはなかなかわからない。彼らは日本は先進国だから自分たちと同じシステムを採用していると善意に解釈していますから。だから、彼らには「タカシは日本のメディアをどうしてそんなにめちゃくちゃにけなすんだ」なんて言われます。こっちは絶望しているわけですが、その絶望がなかなか伝わらない。おそらくレナード・ダウニーに森さんの絶望が伝わらなかったのも、そこでしょう。彼は日本のシステムのことを知らないのだと思います。

日本のジャーナリズムの諸先輩方の中にも、僕の絶望をわかってくださる人はいらっしゃいます。それは例外なく、海外メディアで働いた経験をお持ちになっている人です。たとえば櫻井よしこさん、神保哲生さん、蟹瀬誠一さん——思想的立場はそれぞれですけど、日本のジャーナリズムへの批判的視座だけは一致する。一方、ジャー

**櫻井よしこ**（1945～）ジャーナリスト、国家基本問題研究所理事長。保守論客の一人。
**神保哲生**（1961～）ビデオジャーナリスト。日本ビデオニュース株式会社代表取締役。早稲田大学大学院客員教授。

ナリズムのトップに昇り詰めた人々でも、海外経験のない人というのは、最終的に記者クラブを容認してしまう傾向にあります。立花隆さんも、江川紹子さんも、「まあいいか」って容認してしまう。世界標準からすると、その一点の妥協が決定的なのですけど、どうしても理解していただけない。いちばんわかってくれそうな人たちすらわかってくれないので、本当にがっくりしてしまって――その繰り返しです。

逆にいうと、森さんにはなぜそれがわかるのか不思議に思います。失礼な言い方ですけど、森さんは海外経験をお持ちでない。海外と日本を比較するという視点からではなく、日本のジャーナリズムが抱える問題の本質を見抜いてしまわれるのは、なぜなのでしょうか。

## 「王様は裸だ」という指摘の重要性

**森**　なぜかな。非国民だからかもしれない（笑）。おそらく上杉さんの質問と趣旨は同一だと思いますけど、海外の映画祭にいくと、「なぜあなただけがオウムを撮れたのか」という質問をよく受けます。あるいは、日本のインタビュアーにも「なぜあなただけがメディアにいながら放送禁止歌を題材にできたのか」と訊かれます。あるい

**蟹瀬誠一**（1950～）ジャーナリスト、明治大学教授。主にTBSやテレビ朝日でニュース番組などのキャスターを歴任。
**立花隆**（1940～）ジャーナリスト、ノンフィクション作家、評論家。1974年に「田中角栄研究～その金脈と人脈」を発表し、反響を呼ぶ。

は映画「A2」では大勢の右翼も重要な被写体になっています。これもよく質問されます。どうやって彼らの承諾を得たのかって。

答えはぜんぶ一緒です。鈍いからです。自虐や比喩じゃなくて、本当に僕は鈍いんです。ステゴザウルス並かもしれない。それと強度の方向音痴であること。だから小学生時代の遠足なんかでも、気がついたら一人はぐれてしまっている。自覚的に選択しているわけじゃないのだけど、どうしても集団から遅れてしまう。外れてしまう。心細いし困りはするけれど、初めて見るそこの景色が面白かったり、足元のバッタをもっと見ていたいと思ったりする。その帰結が「A」や「A2」であり、「放送禁止歌」であるような気がします。だから、よくタブーとされている素材をあえて選ぶ作風みたいなことも言われますけど、実はそれも自分ではタブーと気づかずに取り上げてしまったというのがけっこうあります。作品化してから、「よくこのテーマを取り上げましたね」とか言われて、一応は礼を言いながらも「何かまずかったのかな」と内心で焦ったり（笑）。つまり、生来的に鈍いし、仕事のスタートも遅かった周回遅れですから、そこが逆に功を奏している部分が、もしかしたらあるのかもしれない。

**上杉**　森さんはあまり周りのことを気にしないのですか？

**森**　気にしています。もっと正確に言えば、気にしているつもりです。でも説得力な

**江川紹子**（1958～）ジャーナリスト。オウム真理教で注目を集める。以降、新・新宗教や政治などをテーマに幅広い執筆活動を続ける。
**村上春樹**（1949～）小説家、アメリカ文学翻訳家。1979年『風の歌を聴け』でデビュー。

いですね……。それこそさっき「王様は裸だ」の話をされましたけど、少し前にネットの掲示板で、「森達也は『王様は裸だ』と言った子供に等しい。なにも考えていない。作品はすべて偶然の産物だ」との書き込みを見つけました。つまり無自覚だと。まさしくその通りです。

**上杉**　その子供は立派な子供ですよね。本当の事を言ったんだから。

**森**　でもたぶん、ああいう子供はろくな大人にはならない（笑）。だから「A」のときもそうですけど、強いモチベーションがあったわけではないし、メディアに対する違和感を強く持っていたわけでもない。オウムとの太いパイプがあったわけでもないし、人一倍強い正義感や気概があったわけでもありません。

**上杉**　たとえば村上春樹さんがオウムを扱っています。あれなんか外から見ていると、それこそメディアの煽りの影響だと思うんですけど、なんか「狙っている」感がある。それはノーベル賞なのか何なのかよくわからないですけど。森さんをみているとそういうのがなくて、なにかなあと思っていたのですけど、今のお話を伺ってそういうことかと思いました。

**森**　いや、けっこう大宅賞とか狙っていましたよ（笑）。ようやく『A3』で講談社ノンフィクション賞をもらったけれど、栄冠にはほとんど縁がない半生でした。

**デイビッド・ハルバースタム**（1934～2007）アメリカ人ジャーナリスト。元ニューヨーク・タイムズ記者。ベトナム戦争の取材で注目を集め、ケネディ、ジョンソン両政権の内幕を描いた『ベスト＆ブライテスト』で脚光を浴びる。

**上杉**　私なんか一回もない（笑）。私の場合、もともとジャーナリストになりたいというよりは、デイビッド・ハルバースタムの本を読んで、こういう文章を書きたいと思ったのがこの世界に入ったきっかけです。具体的には彼の『ベスト&ブライテスト』。ああいう面白いノンフィクションを一冊書いて世に残したいと思っただけなのです。それができたらジャーナリストなんていつ辞めてもいいと思っていましたから。本当に辞めちゃいましたけど。

『ベスト&ブライテスト』では、ジョン・F・ケネディの政権を描いているじゃないですか。でも、ケネディ自身は亡くなっているから彼にインタビューすることはできない。そこで、マクジョージ・バンディやロバート・マクナマラなど周りにいた人間に取材することによってケネディの姿を浮かび上がらせるわけです。もう一つはベトナム戦争への視覚。ケネディとその跡を継いだリンドン・ジョンソン政権の政治エリートたちが、それぞれに天才的な政策判断をするのに、全体として合成の誤謬でベトナム戦争に突入していくわけです。実際の戦闘はベトナムで行われているのですが、戦争の真の舞台はワシントンなわけです。

それで、こういうのを書きたいなと思って書いたのが最初の著作となった『石原慎太郎「5人の参謀」』です。当時、石原慎太郎という人物を書ききれる筆力も取材力

**ジョン・F・ケネディ**（1917〜1963）第35代アメリカ大統領。任期途中の1963年に遊説先のテキサス州ダラスで暗殺された。
**リンドン・ジョンソン**（1908〜1973）第36代アメリカ大統領。ベトナム戦争に深く介入して世論の分裂を招いた。

もなかったので、彼の周りの人間を徹底的に取材していきました。それによって石原慎太郎を浮かび上がらせるという手法を取ったのです。今思うと未熟な部分はありますが、当時は全力を出していました。そのとき方法論だけはハルバースタムの手法を踏襲しようと決めたのです。つまり会話を表すカギかっこ「」を全部排除する。そして、あたかもそこに自分自身がいたように書きたいということを編集者に言ったのです。すると担当者はOKなのですが、出版社が、「それは小説です、そんな書き方はダメです」というわけです。だってニュージャーナリズムってそれをやっているじゃないとこちらは主張するけど、「とにかくダメです、それはジャーナリズムではありません」でぶつかった。

実際、読者目線に立てばカギかっこ「」をはずして小説タッチにした方が絶対に読みやすいし面白いのです。これは書き手にとっては労力が倍になって大変です。まあ、「参謀」のときは結局、出版社に受け入れてもらえなくて、その代りプロローグだけはその手法で書かせてもらいました。すると、そこが面白いと評価してくださる声が高くて、それが『官邸崩壊』につながったわけです。

このときは、もう最初からハルバースタム・スタイルでいこうということが決まっていました。ある出版社の幹部は、「これで大宅賞も新潮ドキュメント賞もぜんぶ取

**マクジョージ・バンディ**（1919～1996）アメリカの政治学者。ケネディ政権およびジョンソン政権の国家安全保障担当大統領補佐官。
**ロバート・マクナナラ**（1916～2009）アメリカの実業家、政治家。アメリカ合衆国国防長官を、後に世界銀行総裁を務めた。

れる」って言ってくださいましたけど、実際にはノミネートすらゼロでした（笑）。

でも、内容そのものには各方面から高い評価をいただきましたし、今後はこのやり方でいこうということになりました。たとえば同書で用いたやり方の一つに、記者の名前を書くというものがあります。日本のジャーナリズムではそれまでタブーだったのです。たとえば新聞を読んでいると、この政治家とこの政治家がどこそこで会ったとか書いてある。あたかも二人が突然出会ったかのように記述している。でも、実際は政治家の会合というのは、多くは政治部記者がアレンジしているわけです。同席して話を聞いているはずの政治部記者の名前が出せないものだから、記述がぽーんと飛んでしまう。それが不満だったので、記者の名前もちゃんと書いたわけです。そうしたら、それがとくに同業者のみなさんには許せなかったらしくて。

以降も、僕は作品の中に高名なジャーナリストも含めた記者の実名を書いています。いろいろ言われましたよ。「あの人は大宅賞選考委員で、機嫌を損ねるから名前を出すな」とか。でも、もう賞に関してはもらえないものと決めているから僕はどうでもいいのです。最初から名前をぜんぶ書いて、批判するところは批判して、それでももらえなくなった方が気分がいいです。以降は実際にノミネートもされない。それはそれで非常に気分のいい生活を送っています（笑）。

**石原慎太郎**（1932～）政治家、作家。第14～第17代東京都知事。参議院議員を1期、衆議院議員を8期務め、環境庁長官、運輸大臣を歴任した。作家としての代表作は『太陽の季節』。

でも、ここでもアメリカと日本を比較すると、彼我の格差を強く実感します。アメリカではたとえ作品の中で選考委員を批判していたとしても、あくまでも作品の質で評価する。「上杉の奴、生意気だ」とか、そういうのは少なく、あくまでも記事の内容で勝負できるのです。日本の場合、その点が幼稚だと思うのですが、とにかく上杉が嫌いとなると、僕の書いた記事までぜんぶインチキ扱いになってしまう。たとえば、朝日新聞に連載しているときに書いたことと、今ネットの連載で書いていることって、基本的には同じ内容です。

でも、朝日に連載しているときは、「やっぱりいい記事を書くね」「すごい視点だね」と褒められていたのに、今ネットで同じことを書いているのに「インチキ野郎」呼ばわりされています。そのリテラシーのなさとアンフェアさは致命的だと思います。

第三章

# 客観中立報道はあり得ない

## 匿名性の罠を自覚せよ

**森**　海外メディアの話をうかがっていて、啓発されるところがいろいろありました。ひとつはニューヨーク・タイムズの「correction」のお話。その前提にあるのは、人間なのだから過ちを犯すのは当たり前だという認識です。海外ではその認識を書く側だけでなく、読む側も共有しているのだと思います。

でも日本の場合、明らかにそれが薄い。朝日新聞が書いているから間違いない。NHKの報道だから正しい。いまだにそう思い込んでいる人が多い。だからこそ無謬性というものが強調されてしまうわけでしょう。記者クラブもそれを形作る要因なのかもしれない。そうした中で、客観主義というのがものすごく強くなってしまうわけですね。本来は人の書くものに100%の客観性なんてあり得ない。でも、作り手が客観性への未練を断ち切れない。

**上杉**　アメリカのジャーナリズムは、客観中立報道というのをすでに70年代に放棄しています。おっしゃる通り、神でもなければ客観中立などあり得ない。日本の場合、客観報道とは官僚が出してきた文書のことを指すのです。記者クラブの最大の問題点がそれで、彼らが「これは客観中立公正」というのは、それが役人が作った文章だからです。驚くのは、日本のメディアというのは記者が取材した生の一次情報より、役所が出してきた文書の方を本当に優先させてしまう。たとえば今回の原発報道でもそうです。東電の会見に出ると２００人ぐらいの記者の前で東電側が話します。記者たちはそれをメモしている。あとでメモを突き合わせて、これはこうだったねと確認までしている。でも、実際の記事にはそのメモの内容とはまったく逆のことが書かれていたりする。どうしてだと現場の記者に訊くと、メモを上にあげるからだと言う。上司――つまりデスクです――は本来であれば、部下である現場の記者たちの取材を信じるのが普通でしょう?　ところが日本のメディアのデスククラスは、官僚経由で東電が出してきたペーパーと部下があげてきたメモの内容が１８０度違っていたとすると、部下のメモを捨てるのです。つまり役所の文書がいちばん正しい、と信じている。

これはバイライン（署名記事）を中心とした世界のジャーナリズムと、匿名性に隠れた記者クラブの記事の作り方の決定的な違いです。森さんが指摘された通り、日本では朝日新聞やＮＨＫの言うことが無条件で正しいと信じ込まれがちです。でも、実際の取材現場に朝日新聞なりＮＨＫなりといった企業体が歩いてくるわけじゃない。その中にいる記者たちが現場に出向くわけじゃないですか。匿名性に隠れるというのは、そのことを記者自身が否定することとイコールです。それが結果として自分たちの首を絞めている。

**森**　署名で記事を書くということは、その記事が記者の主観で書かれたものであることの証です。一方、匿名記事というのは、あたかもそれが客観報道であることを担保しているようにみえてしまう。でもそれは匿名性の罠ですね。読む側だけではなく、報道する側もこの罠に足をからめとられている。

## 「間違えて当たり前」の文化

**上杉**　それと森さんがご指摘された読む側のリテラシーという意味では、これも海外ではメディアの報道姿勢によって読む側が鍛えられるという部分がある。ニューヨーク・タイムズで、「correction」と並んで僕が驚いたのが、オプイド「Op-ed＝opposite the editorial page」という欄です。タイムズにはいろんな思想的立場のジャーナリストがいて、リベラル派の代表にたとえばニコラス・クリストフという有名コラムニストがいます。それで、先ほど名前の出たジュディス・ミラーがイラクの大量破壊兵器疑惑の記事を書くと、ニックがきちんと取材した上で「ガボン大使の情報によ

**ニコラス・クリストフ**（1959〜）アメリカのジャーナリスト、作家。オピニオン・コラムニストとしてニューヨーク・タイムズ紙などに執筆している。

ると大量破壊兵器など存在しない」という論陣を張る。同じ社内でジュディスとニックが論争するわけです。

**森**　過激な両論併記という感じですね。

**上杉**「opposite editorial」というのは、要するに反対意見です。たとえばウィリアム・サファイアという超有名な保守のコラムニストがいます。保守系の大御所です。

**森**　彼をオポジット用に雇っているわけですね。

**上杉**　そうそう、それでニックがリベラルな論調の記事を書くと、ウィリアムがそれを毎日のように叩く。それに対して、またニックが再反論するという形。どちらも合理的な書き方をしています。「Op-ed」を読んでいて僕が思ったのは、物事というのはいろんな角度から見ることができる、正解というのは決してひとつではないということです。

ここで重要なのは、「Op-ed」にしろ「correction」にしろ、アメリカの読者は子供の頃からそれらを読んでいるということです。つまり、小さい頃から物事は多面的であるということを学んでいるわけです。子供が学校で「correction」読みながら、「ああ、間違えたね」と話す。「この記者はいい記者だけど、この事件に関しては間違えたね」と。

一方、日本には地震が起こればＮＨＫ、選挙になればＮＨＫというように、大メディ

**ウィリアム・サファイア**（1929〜2009）アメリカのジャーナリスト。ニクソン元大統領のスピーチライターを務めたことでも知られる保守を代表する論客。

ア信仰があります。朝日新聞にしても、試験に出るから子供に「天声人語」を書き写させるということを当たり前のようにやっている。NHKや朝日は無条件に正しいというのが前提になっています。では、NHKや朝日が間違えたらどうするのか。いやNHKが間違えるはずがないと頑固に認めない層が一定数います。それはお年寄りに多いようです。

もう一つはパニックを起こすパターンです。NHKが間違えた、じゃあ、自分は何を信じたらいいんだとパニックを起こして、何かほかに信ずべきものはないかと情報収集の放浪をしだす。滑稽ですよ。そんな状況ができてしまったのは、NHKや朝日新聞が無謬主義を取ったからにほかなりません。実は3・11を契機にして、大メディアがそれを自己反省するかなと期待して、この1年ほどみていたのですけど、結局、彼らに反省はみられなかった。

話を戻すと、「OP-ed」と「correction」はメディアの受け手がリテラシーを磨く上で絶対に必要です。欧米のメディアでは「OP-ed」があることが当たり前で、中東のアルジャジーラですら同じような欄を設けています。やっていないのは、おそらく日本の新聞・テレビだけです。

**森**　日本の新聞・テレビでも両論併記が基本だということが、一応、言われてはいま

**アルジャジーラ**　カタールのドーハに本社を持つ衛星テレビ局。アラビア語と英語でニュースなどを24時間放送している。

す。でも、それがマニュアルになってしまっている。テレビ・ディレクター時代のことですけど、ある番組でひとつの主張を取り上げたときに、プロデューサーからその反対意見も出せといわれたことがあります。反対意見は極めてマイナーなものでしかなかったのに、それでもいいから出せ、と。しかも、二つの主張を同じ尺（時間）で取り上げなければならないと、試写のときにプロデューサーはストップウオッチ持参でやってきました。それぞれが同じ時間だけ扱われているかどうかを確認するために。

あきれながらも外部制作会社のディレクターの立場では、局のプロデューサーに異議を唱えることは難しい。……もっと正確に言えば、当時の僕には異議を唱えるという発想すらなかったかもしれない。これが公正中立なんだと言われれば、ああそうですかと頷いていたでしょう。反論できるだけのロジックを持っていなかった。いずれにせよ、この国の両論併記は、完全にエクスキューズになってしまっている。

**上杉**　でも、それはまだ健全ですね。今は両論併記そのものがなくなりました。たとえば原発報道にしても、昨年の3月15日以降は放射能拡散の危険性を訴える主張はほとんど取り上げられなくなりました。放射能の拡散や、それによる汚染の広がりなどに関する情報は、いまだに出てきません。

**森**　今はそうとは思えないけれど……。いずれにせよ放射能汚染に関しては、座標軸が失われたことは確かでしょうね。だからオポジットの位置がわからなくなってしまっている。

**上杉**　この問題に関しては、私はぜんぶ出すべきだと思います。政府の情報も、対立する放射線防護協会やＩＰＰＮＷ（核戦争防止国際医師会議）などの情報も、逆に放射能は比較的安全ですとか言っているＩＰＲＣ（国際放射線防護委員会）の情報も。ぜんぶ提供して、それを視聴者・読者が自己判断に利用すればいいだけの話にすぎません。メディアが勝手に情報を一元化してしまうのは、端的に驕りです。

**森**　そこは同意します。結局のところ放射能の危険性については、誰も本当のところはわからない。事例が圧倒的に少ないんです。でもまさか人体実験をするわけにもゆかない。タバコの害だって同じです。その人の因子や環境によって現れかたはまったく違う。研究者によっても違う。メディアに判断できるはずがない。でもこれまで「わかりやすさ」を至上の価値にしてきたので、「わかりません」とは言いたくない。強引に結論を作ろうとしてしまう。

　そもそも客観的に事象を描写することなど不可能です。

具体的な例を挙げます。『Ａ３』にも書いたことですけど、オウムの元幹部で死刑

**新実智光**（1964～）元オウム真理教幹部。坂本弁護士一家殺害事件および松本サリン事件の実行犯。地下鉄サリン事件では運転手役を務めた。

囚でもある新実智光に拘置所で会ったとき、彼の第一印象として僕は、「新実はにこにこと微笑みながら現れた」という文章を書きました。実際にそう見えたからです。僕の語彙では「にこにこ」です。

でも他のオウム関連の書物や新聞に掲載された新実裁判の傍聴記などでは、決してこのフレーズは使われない。必ず「にやにや」です。まあ法廷と拘置所の違いはあるかもしれないけれど、おそらくは同じ笑顔だと思います。実際によく微笑む人です。でも見る側の視点や立場によって、その微笑みは「にやにや」にもなるし「にこにこ」にもなり、まったく正反対のイメージを読む側に喚起する。どちらの表現が正しいわけでも間違っているわけでもない。言えることは「にこにこ」も「にやにや」も、どちらも主観的表現だということです。オウムを憎む人にとっては、彼らの笑顔は絶対に「にこにこ」ではなくて「にやにや」になるでしょう。それは当たり前。でも考えるべきは、メディアがその憎悪や嫌悪を共有してしまっているということ。そしてそんな表現が大新聞などに書かれるとき、主観が客観にすり替わってしまう。あたかも「にやにや」が絶対的事実であるかのように、おそらくは記者たち自身が思い込んでしまっている。

**上杉**　でも、新聞っていうのは、「にやにや」も客観報道と主張するわけですよ。

**森**　本来なら、そうした形容詞とか副詞とかは、安易に使うべきじゃないです。まあさすがに記事本文に「にやにやと笑った」と書く記者はほとんどいないとは思うけれど、でも常套句って相当に多い。一昔前までは容疑者が逮捕された翌日、「留置所では出された弁当をぺろりとたいらげ」との記述がよくありました。あれが常套句と知ったときは驚いた。別に取材したわけじゃないそうです。「森監督がメガホンをとった」と同じですね。今どきメガホンなんて誰も使わない（笑）。

常套句はともかく主観的な表現については、おまえだって使っているじゃないかと言われるかもしれないけれど、僕は自分の名前を出して主観を表現することを仕事にしていますから。

## 署名という責任とリスク

**上杉**　アメリカの新聞は、客観報道は完全に放棄している。その代りに署名原稿です。ニューヨーク・タイムズと最初に契約するとき、契約条項のトップにあったのが「記事を書くときはバイラインでなければならない」でした。それは、日本語で記事を書くときもそうである、と。どうしてですかと尋ねると、返ってきたのはやはり、しょせん記事は主観であるという答えでした。主観であるがゆえに、記事というのは何について書かれてあるかと同時に、誰によって書かれたかが非常に重要である、これは読者に対しての情報提供なのだと。たとえば、ベトナム戦争で負傷した兵士のことを書いた記事があるとする。そのとき、それを書いた記者が政府に同意する立場にあるのか、あるいは反対する立場にあるのかという情報をきちんと与えないと、読者は記事に対する判断を下すことができないというわけです。

もう一つ言われたのが、責任ということです。最初はこれがわからなかった。だから署名で書けといわれたときに、そんな売名行為みたいなことはできませんと答えたのです。僕は謙遜の意味で言ったのですが、そうしたら支局長が烈火のごとく怒りだして、懇々と説かれました。「書く人間は書かれる人間の立場に立って書くべき。書かれた人間は名前まで出されているのに、いざ反論しようと思っても、記事に署名がなければ誰に反論すればいいのかわからないではないか。それでは責任の所在がわからなくなってしまう。そういう記事は一切書くべきではないし、名前を出してコメントできないなら、ニューヨーク・タイムズは君を採用できない」――それ以来、僕は1999年から一度も匿名原稿を書いたことがありません。

**森**　現状として毎日新聞はほぼ署名ですね。朝日や東京も含めて他紙でも、最近は署名記事が増えてきているようですが。

**上杉**　ただ、あれもアメリカの基準からすると署名ではない。アメリカの場合、最終権限は執筆した記者にあるのです。日本はデスクがぜんぶ検閲しています。日本では検閲が行われているのです。タイムズのルールでも、編集長や編集主幹が記事をすべてチェックし、ここはこう書き直したほうがいいと赤字を入れてきます。ただ、書き直す権限は編集長・編集主幹にはない。記事を書いた記者が書き直しの提案を了解し、受け入れたら書き直す。しかし、記者が自分の価値観に基づいて提案を拒否した場合は、書き直しの必要はないのです。その代り、間違えた場合には記者に第一の責任がある。失敗の責任を取るのは記者なのです。

毎日新聞に関していうと、僕は同紙で連載したことがあって、そのときに編集部に提案しました。今の毎日の署名記事は厳密に言えば署名記事ではないから、そこは正すべきだと。署名で書いた記事に手を入れられてしまうと、「いや〜、こんなこと書いていませんよ」ということになってしまうでしょう？　でも結局、毎日は僕の提案を受け入れませんでした。

**森**　匿名性についてはテレビに関しても同じです。日本の報道番組って最後にスタッフロールがほとんど出ない。「報道ステーション」にしてもクレジットは、テレビ朝日と古館プロジェクトだけです。バラエティ番組の場合はすごい勢いでADの一人ひとりまで出しているのに。まったく逆です。報道番組こそ製作者たちの名前を出すべきです。それによって危険な目に遭うとかのリスクもあるかもしれない。でも報道をやるならば、それは回避できないリスクのはずです。

**上杉**　週刊誌に書いているときでも、厳しい内容の記事だと署名は「取材班」とか「編集部」にしておきますかと言ってきます。それは訴えられる可能性があるからということなのです。「取材班にしたら訴えられないんですか」って聞いたら、「その方が訴えられる可能性が下がります」という答えでした。僕は匿名記事は書けないから名前は付けてくださいっていいますけど、硬派で通っている雑誌でも、内容が少し厳しいとそうなります。それとは逆に、どうでもいいような提灯記事には麗々しく名前を載せる。

**森**　たとえばテレビのナレーションなどでよくあるのは、「そして、われわれはモスクワに飛んだ」(笑)。われわれとか取材班とか。そんな一人称複数や不特定集合代名詞が主語になる。普通にディレクターやカメラマンの名前を出せばいい。そもそもナレーター自身は我々じゃないし、モスクワにも行っていない。……少し揚げ足取りかな。でもバラエティなら視聴者はそんな内輪の情報に興味がないと割愛することもあるかもしれないけれど、報道は実名を出すべきだと思います。

**上杉**　たぶん、個人が責任を取りたくないということでしょう。

第四章

# メディア論とジャーナリズム論を峻別すべし

## 日本の報道の自由度は発展途上国レベル

**上杉**　海外だとメディア論とジャーナリズム論って完全に分けられています。日本ではその境界があいまいな点も、メディア論・ジャーナリズム論が混乱している大きな要因だと思います。

アメリカでは、ジャーナリズムとは職業である前に一つの倫理・精神であり、それは最終的にはビジネスより優先されてしかるべきものです。したがって、一つの報道が自分の属する会社の利益に反することになってもそれは許容されることにもなる。たとえ会社が潰れるようなことがあっても、それはジャーナリズムとして優先されるわけです。それに対してメディアというのは、ビジネスのほうを優先させてもいい。

最近、講演などでよく言うのは、ジャーナリストというのは医者に近い職業だということです。医者の場合、お金儲けももちろんあるかもしれませんけど、それよりも人命を救うという職業倫理が優先されます。ジャーナリズムもそれに似ていて、真実に対して自分が正しいと思うことに対して忠誠を誓うのがジャーナリスト。決して自分の属する会社などに忠誠を誓ってはならない。

ですから、たとえば国境なき記者団と国境なき医師団なども、理念的に似てくるわけです。ジャーナリストも医師も、世界中のさまざまな政治システム・文化・環境の中で働きます。だから、不利益をこうむることも多いわけです。そのときは世界中で一致団結して助けようというのが国境なき記者団であり、医師団です。国境なき記者団には、日本のマスメディアの記者たちは入っていないのです。記者クラブというのは一種のカルテルでしょう？　そこに属する記者は国境なき記者団ではジャーナリストとして認定されないのです。

**森**　本当ですか。それは知らなかった。

**上杉**　しかも、記者クラブシステムは抗議されていますから。国境なき記者団から抗議されている先進国は日本だけではないでしょうか。

**森**　国境なき記者団は、報道の自由度における世界ランキングを、毎年発表しています。北欧諸国への評価は高いけど、アメリカへの評価はとても低い。彼ら独自の論点があるのでしょうね。日本はずっと30位とか40位だったけれど、２０１１年は22位にランクしている。確か、ナミビアとスリナムのあいだです。

**上杉**　ＯＥＣＤのランクだと、だいたい下から2、3番目でした。しかも、日本はＯＥＣＤからも抗議されています。それは単純に、記者クラブ制度によって日本には言

**国境なき記者団**　言論・報道の自由の擁護を目的に1985年、フランス人記者によって設立されたジャーナリストによる非政府組織。
**国境なき医師団**　フランスの医師グループによって1971年に設立されたNPO。医療の必要性は国境よりも重要との理念によって活動する。

論の自由がない、フリープレスの原則と規制緩和の視点からも逸脱しているという理由によってです。

もっといえば、中国や北朝鮮など報道規制のある国のジャーナリストの方が、日本のジャーナリストより世界的には認められています。なぜかというと、中国や北朝鮮のメディアというのは、新華社にしろ人民日報にしろ、あれは政府のプロパガンダであるということを国民が了解している。真実は別のところにあって、両国のジャーナリストは別途そちらを追求しているわけです。中国や北朝鮮にはろくなメディアはなくても、殺されてても真実を伝えようとするジャーナリストはいる。

一方、日本にはNHKとか朝日新聞とか立派なメディアはある。だけど、真実を伝えようとするジャーナリストはそれらのメディアの中にはいない。今回の原発報道をみれば、それは明らかでしょう？　出世に響くとか飛ばされるとかいう理由で真実を伝えようとしない。ですから、中国・北朝鮮にはメディアはないけどジャーナリストはいる。日本にはメディアはあるけどジャーナリストはいない。そして世界から笑われるわけです。

**新華社**　中華人民共和国・国務院直属の通信社。中国の一般ニュースの他、同国政府要人の発言を独占的に配信する。
**人民日報**　中国共産党中央委員会の機関紙。人民日報社発行。創刊は1948年。

## 世界一リテラシーの低い日本の国民

**森**　うーん。それを言い換えると、日本の国民は、世界一リテラシーが低いということですか？

**上杉**　中国よりはるかに低いと思います。中国の場合、メディアは自分たちをだましている、洗脳しようとしているということを多くの人々が了解しているわけです。日本の場合、難しいのはその洗脳・マインドコントロールが二重になっていることです。原発報道を例にとると、政府と東電が嘘をついていた、国民をマインドコントロールしようとしていたということです。それだけなら嘘を見破ることも、ある意味ではたやすい。でも、記者クラブというものが、そのマインドコントロールに加担するわけです。日本には、メディアは正しいことを言うという前提があるじゃないですか。だから洗脳・マインドコントロールが二段階あるということです。この洗脳を解くのは非常に難しい。

**森**　上杉さんの話を聞きながら、アメリカと日本のジャーナリズムになぜこれほどの差があるのか考えていたのですけど、僕にはやはり国民の意識の違いが大きいように

**ペンタゴン・ペーパーズ事件**　1971年、米国のニューヨーク・タイムズがベトナム戦争の極秘報告書を元政府職員から入手し、同紙で公開した事件。米国政府の掲載差し止め請求が連邦最高裁によって却下された。

思えます。

象徴的な例を挙げてみます。アメリカでは1971年にペンタゴン・ペーパーズ事件、1972年にウォーターゲート事件という大きな政治スキャンダルがありました。そのときに、メディアがどう動いたか。たとえば政権の不正工作と国民への隠蔽によってベトナム戦争が始まったことを明らかにするペンタゴン・ペーパーズの際には、まずはニューヨーク・タイムズがスクープして政府は記事掲載差し止めを提訴するけれど、ワシントン・ポストや他のメディアがニューヨーク・タイムズに続きます、ウォーターゲートに関しては、まずワシントン・ポストが政府の違法行為をスクープした。このときも政府は圧力をかけるけれど、国民がワシントン・ポストを強く支持して、さらにニューヨーク・タイムズなどの他のメディアも政府の不正に対して宣戦布告し、結果としてリチャード・ニクソン政権を退陣に追い込んだわけです。

同じ時期に、日本でも大きな政治スキャンダルが持ち上がりました。1971年の沖縄密約事件です。このとき、ニューヨーク・タイムズやワシントン・ポストと同様に政府の違法行為をスクープしたのが毎日新聞です。でも、それは大きな反政府キャンペーンを起こすには至らなかった。事件が毎日新聞の西山太吉記者の不倫問題に矮小化されてしまったからです。政府・自民党政権による国民への違法行為より、西山

**ウォーターゲート事件**　米国で1972年に起きた政治スキャンダル。
**リチャード・ニクソン**（1913～1994）第37代アメリカ大統領。ウォーターゲート事件で失脚。歴代大統領ではじめて任期途中で辞任した。

記者がスクープ目当てに既婚の外務省事務官に近づいて不倫行為を結んだという事実の方に国民が興味を持ち、より強く反応してしまったわけです。ペンタゴン・ペーパーズと沖縄密約はまったく同じ年です。でも帰結はまったく違う。民度という言葉は使いたくないけれど、やはり国民の意識に大きな違いがあるからこそ、これに支えられるジャーナリズムに大きな差が生じてしまっているのではないかと思います。

**上杉**　海外の記者と日本の記者が違うところは、海外のジャーナリストというのは疑うところからはじめるわけです。日本では何かを疑うと「人を疑うもんじゃない」みたいにたしなめられたりします。だから、政府の発表なども信じないと仕事にならないようなところがある。そういう背景も一つにはあります。

それと、同業者に対するリスペクトが決定的に違う。ウォーターゲートのときなど、ワシントン・ポストの当時の社主のキャサリン・グラハムたちが議会に召喚されそうになって、一回、印刷が止まってしまったのです。そのとき、ニューヨーク・タイムズがポストとの共闘に名乗りを上げた。同業者へのリスペクトがあるから、対権力になるとメディアがきちんと足並みを揃えるわけです。ところが日本の場合、対権力になると逆の方向に足並みを揃えてしまう。たとえば毎日新聞の西山太吉記者を助けるのではなくて、彼を切り捨てる方向で足並みを揃えてしまったわけです。

**沖縄密約事件**　1971年の沖縄返還協定に関連し、機密情報を国会議員に漏洩した記者らが国家公務員法違反で有罪となった事件。
**西山太吉**（1931～）ジャーナリスト。元毎日新聞政治部記者。沖縄密約事件（別名：西山事件）で知られる。

**森**　権力監視が高い優先順位を持つならば、そんなことにはならないと思います。つまりジャーナリズムの存在理由の認識が決定的に違う。日本の場合、優先するのはビジネスです。だから競争原理が働いて他社の足を引っ張る。

**上杉**　まさしく矮小化です。沖縄密約の中身と、西山記者が外務省事務官の女性と情を通じたというのは関係ないですから。そうしたメディアの体質は、今も昔と変わりありません。変われないのは、たぶん反省してないからだと思います。

タイムズの場合は、何かことが起こるといいことも悪いことも徹底的に検証する。たとえば記事の盗用・捏造で懲戒解雇になったジェイソン・ブレアの件、そして何度か話題に上ったジュディス・ミラーの件。ブレアの一件では、ニューヨーク・タイムズはもう終わりだと言われました。そうした外部の声を待つまでもなく、タイムズ自身が徹底検証を実施したわけです。あのときは、僕はまだぎりぎり在籍していたのでよく知っているのですが、まず各セクションの一線級の記者を8～9人集めて検証委員会を作り、彼らに自由に社内を調査させたのです。その点が日本と決定的に違うところで、社内で最高の記者たちが社長室まで自由に立ち入れる権限を与えられたわけです。それで調査がはじまった2か月後だったかな、一面トップで「ニューヨーク・タイムズはなぜ間違いを犯したか」という記事を打ったのです。その検証報道は2週

**キャサリン・グラハム**（1917～2001）アメリカの新聞社経営者。
**ジェイソン・ブレア**（1976～）アメリカ元ニューヨーク・タイムズ記者。イラク戦争などに関する自身の記事の過半数が他紙からの盗用や捏造だったことが発覚し、同紙を解雇された。

間続きました。それが終わった後に、編集主幹のハウエル・レインズとブレアは正式に解雇になったはずです。それぐらい徹底的にやるのです。

日本では、まずないですね。西山さんの事件も結局はうやむやです。2010年3月に岡田克也外務大臣が沖縄密約についての調査結果を報告しましたでしょう。半世紀にわたって否定してきた「公然の秘密」を、日本外交の最高責任者がはじめて認めたわけです。あのとき、僕はいちばん前の席で記者会見にいました。海外メディアはみんな報じましたが、日本のメディアの報道は実に中途半端で、西山さんに関する記述などはほとんど報じられませんでした。要するに、それを報道してしまうと40年前の自分たちの誤報を認めてしまうことになるからです。ここまで卑怯なのかと思いましたよ。それで、検証する代わりに西山さんをモデルにしたドラマを作ってお茶を濁したりする。

**森**　その西山さんのドラマを僕は観ていないけど、実名を出していませんよね。それがイラク戦争をめぐる政権や報道の問題を徹底検証した映画「フェア・ゲーム」との違いです。この映画の公開は2010年です。まだ相当に生臭い時期に、ジョージ・W・ブッシュからドナルド・ラムズフェルドまでみんな実名を出して、彼らの不正行為をテーマに映画にしてしまう。テレビと映画は違うと言われるかもしれないけれど、西

**ハウエル・レインズ**（1943～）アメリカの元ニューヨーク・タイムズ編集主幹。ブレア事件、ミラー事件に関連して同紙を解雇された。
**岡田克也**（1953～）政治家、衆議院議員。民主党幹事長、民主党代表、外務大臣などを歴任。

山事件は40年前ですよ。でも名前や社名を曖昧にしてしまう。アメリカはいろいろと問題ばかりの国だけど、情報公開とジャーナリズムの骨格については、日本とは根本的に違うのだと思わざるをえない。

**上杉**　余談ですが、実は「フェア・ゲーム」の中でぶつかるのが、先ほど述べたニューヨーク・タイムズのクリストフとミラーなんです。

日本のジャーナリズムは自分を守ろうとしているということでしょうか。もちろん、アメリカがすべていいとは思いません。でも、少なくとも健全だなと思わせてくれたのが——これはジャーナリズムからは少し離れますが——ロナルド・レーガン大統領狙撃事件のときの映像です。アメリカの大統領は公人中の公人ですから、プライバシーは制限される。ですから、狙撃事件のときも、撃たれた場面から救急車の中、最後にICUに運ばれるところまで、ぜんぶ映像が残っている。そしてレーガンがICUに運ばれるとき、駆け寄ってきたナンシー夫人に「ナンシーごめん、よけそこねちゃったよ」って言うのです。二つの点で驚きました。ひとつは、そこまで記録して公開するという点。もうひとつは、大統領はそんな非常時でもユーモアを言うのだということ。政治家の資質がやっぱり違うんだなと思いました。

アメリカの場合、そこまで記録して公開する。片や日本はどうか。今回の原発事故

**フェア・ゲーム**　イラク戦争に関連したいわゆる「プレイム事件」を描いたアメリカの伝記映画。2010年公開。監督はダグ・リーマン。
**ジョージ・W・ブッシュ**（1946～）第43代アメリカ大統領。父は第41代大統領のジョージ・H・W・ブッシュ。イラク戦争などを強行した。

に関する会議の議事録すらないわけです。アメリカで同じような状況だったらどうなるか。政治家も、官僚も、議事録を取ることを怠った人間は全員逮捕でしょう。要するに、記録というのは国家の財産なわけです。沖縄密約事件に関してもそうです。肝心の密約文書を外務省は焼いてしまっているのです。自国の歴史を永遠に失わせた。その時期の日本の歴史は他国の資料に頼らざるを得ない。もはや国家反逆罪ですよね。岡田大臣の会見で、「どうして処罰しないんですか」と質問したけど、周りは無反応でした。記録に残すということの重要性に対する認識が、なぜこんなに甘いのか。映像作家としての森さんはどう思われますか？

## 「公開」に対する意識の違い

**森**　記録に残すということは誰かが見るということですから、要は残したくないではなく見せたくないということなのでしょう。やはり「よらしむべし、知らしむべからず」の国なのかな。心情的には当たり前です。税金でやっていることだから、その税金を払っている人たちに対して、すべてを公開はしたくない。でもそれでは国民主権の国ではない。知らせるべきです。見せるべきです。だって国民は税金を払っているのだ

**ドナルド・ラムズフェルド**（1932～）アメリカの政治家。大統領首席補佐官、第13・21代国防長官を歴任。
**ロナルド・レーガン**（1911～2004）アメリカの政治家、俳優。第40代アメリカ大統領。同国の小さな政府路線を主導した。

から。公開しようとしないのなら、国民とメディアがそれを要求するべきです。ところがその圧力が、この国ではとても小さい。

上杉さんは「アトミック・カフェ」という映画はご存じですか？　アメリカのピアース・ラファティやジェーン・ローダーらが制作したドキュメンタリー映画で、核兵器に関するニュース映画や政府が広報用に制作したフィルム、ラジオ音声や軍の宣伝、教育や啓発として作られた映像だけで構成されたアーカイブ・ドキュメンタリーです。新しい素材は一切用いずに、既存のパブリックな映像だけを使って、映画としてのナレーションも一切入っていない。でもこの作品を観ていると、いかにアメリカ人たちが核兵器や放射能について理解していなかったかが、とてもよくわかる。時代背景としては冷戦時代です。もしもソ連が核ミサイルを撃ってきたら、「みんなで物陰に隠れましょう」とか「シェルターで数日過ごせばもとのように生活できます」などと広報する。軍がニューメキシコで原爆実験をやったとき、爆心地のすぐ周りにガイガーカウンターを装着させた兵士を配備して、どれだけダメージを負うか検証するという実験をしています。最後に兵士たちをキノコ雲に突進させる。そのとき上官が何と言ったか。「傷があると放射能が入るから傷口に絆創膏を貼っておけ」です。僕は今、明治大学で教えています。この映画を学生に見せると、「プロパガンダの怖さを知りま

**アトミック・カフェ**　1982 年に公開されたアメリカ映画。核兵器に関するドキュメンタリー映画であり、ニュース映画や政府所有のフィルム、ラジオ音声などによって構成されている。

した」と彼らは口々に感想を言う。つまり、アメリカ人は核についてその程度の知識しか持ち合わせていなかったからこそ、広島・長崎に原爆を落とせたし、その行為を「戦争を終わらせるためには仕方なかった」と正当化できる。学生たちもそこまではわかるから「プロパガンダは怖い」という感想が出てくる。

でもならば、そのプロパガンダの主体は誰かと訊ねると、みんな口ごもってしまう。どうやら政府ではない。軍の上層部でもない。彼らも正しい知識を持ち合わせていなかったことが、作品を見ているとわかってしまう。「傷口に絆創膏を貼っておけ」といった上官は、放射能の怖さを本当は知っているのに、そんな嘘をついたのか。そうじゃないですよね。彼もそれはわかっていないのです。じゃあ、その上層部はどうか。そういう風にどんどん辿っていったら、たぶんハリー・S・トルーマンだってドワイト・D・アイゼンハワーだって、核兵器や放射能については、わかっていなかったわけです。ある程度わかっていたのは、マンハッタン計画に関与した一部の科学者ぐらいでしょう。プロパガンダといえば、どこかに悪い奴がいて自分たちを騙そうとしているなどと考えがちだけど、ほとんどの場合はそうではない。誰も核や放射能の怖さをよくわかっていないままに、国民と為政者のあいだで妄想が肥大化していって、互いに互いをプロパガンダしあうみたいな関係になっていく。そういうある種の共同幻想が

**ハリー・S・トルーマン**（1884～1972）アメリカの政治家。同国第33代大統領。

**ドワイト・D・アイゼンハワー**（1890～1969）アメリカの軍人、政治家。同国第34代大統領。

生み出すプロパガンダの怖さのほうが、メディアがこれほどに発達した現代においては、さらにリアリティがあると思う。

そもそも日本では、こういう映画を作れるでしょうか。間違いなく無理ですね。アーカイブ・ドキュメンタリーというジャンルは、この国ではほとんど不可能です。なぜなら政府が映像を提供しません。ところがアメリカは出す。自分たちにとって都合の悪い使われかたをすることはわかっていても、国民の税金を使って制作した映像であるのだからということで、潔く映像を提供する。つまり、情報公開に対する意識がまったく違う。

それと、さっき上杉さんが指摘した対権力の意識も、アメリカでは大きい。第3代アメリカ大統領トーマス・ジェファーソンが言った有名な言葉があるでしょう? 「新聞なき政府か、あるいは政府なき新聞か、そのいずれを持つべきかの決断を迫られたならば、私は一瞬のためらいもなく後者を選ぶであろう」(ジェファーソン『雑録集』)。新聞のない政府は存続してはいけないと明確に言いきっています。しかも大統領が。なぜなら権力は腐敗します。そして暴走します。だからこそジャーナリズムの存在意義があるのだという意識が、アメリカの場合は国民レベルで徹底していると感じます。でも日本の場合は、権力を監視するという意識が相対的に薄い。そこに消費されるべ

**マンハッタン計画**　第二次世界大戦中、アメリカ・イギリス・カナダが原爆の開発のために科学者・技術者を総動員した計画。1945年に世界初の原爆実験および日本の広島・長崎への原爆投下を実施した。

きエネルギーが過剰な事件報道などに結び付いて、結局は体感治安をこれほどに悪化させている。
**上杉**　権力と同衾《どうきん》したほうが居心地いいですし、楽ですから。だから、原発報道のときなども、もうほとんど大本営発表みたいな形で、ジャーナリストはそれを無条件で受け入れてしまう。これでジャーナリストを名乗っているのは恥ずかしい、未来の人々に対して恥ずかしい――そんな抗議の意味を込めて、僕はジャーナリストを休業したわけです。
**森**　日本とアメリカは共に先進国では例外的な死刑存置国などと言われています。確かに日本とアメリカは、出口が似ているところがある。でも、そこに至るプロセスというか、内実はまったく違う。それは、国としての成り立ちの問題でもあるように思います。アメリカは多民族・多言語・多宗教の国です。ユナイテッド・ステーツと自称しながら皮肉なことに、絶対に完全にはユナイテッドされない国家です。つまり統合されない。だからこそ統合されたいとの欲求が強い。世界でいちばん、自国の国旗と国歌を愛する人たちです。「ゴッド・ブレス・アメリカ」なんて、よく考えたらあきれるほどに自己本位で傲慢なフレーズです。「自分たちは絶対に統合されない」という不安があるからこそ、統合についてはムキになる。9・11直後のアメリカは、ま

**トーマス・ジェファーソン**（1743～1826）アメリカ第3代大統領。アメリカ独立宣言の主要な作者であり、共和制の理想の追求者として同国建国の父の一人とされる。

さしく国旗を振りながら一つにまとまろうとしました。その気持ちは否定できない。不安が強ければ強いほど人は集団化したくなる。ある意味で人間の本能です。でも集団は暴走しやすい。敵を見つけたくなる。だからこそイラク戦争のような過ちを、アメリカのメディアと国民は犯すわけです。

対して日本の場合は、均質な――均質だとみんなが思い込んでいる国だから、同調性がとても強い。多くの人が無理なく集団に帰属してしまう。主語を一人称単数から一人称複数に簡単に置き換えてしまう。アメリカは突発的に集団化を起こすけれど、日本は慢性的なんです。だから復元力を持ちえない。傾いたらそのままです。

**上杉**　この前、講演でドイツに行きました。それで、ヨーロッパの視点から日本とアメリカを比較するとどうかということを考えたのですけど、似ているのは言論空間が一元化しているところかなという気がしました。それでドイツで思ったのは、やはりキリスト教の伝統の強さです。あの国はカソリックとプロテスタントが45％ずついて、9割がキリスト教徒です。一神教では神が絶対じゃないですか。神の前では、人間は不完全な存在でしかない。逆にいうと、不完全でいいというのが前提になるわけです。ですから、お互い不完全なもの同士、意見が違うのが当たり前だし、一人ひとりバラバラであることが当たり前。そこで、お互いの価値観をきちんと認め合うわけです。

だから、別に最終的に意見の一致をみなくてもいい。そうすると、議論していても楽ですよ。

帰国後に京都大学の新入生を前にして講演したのですけど、なんか重苦しいんですよ、日本語をしゃべるのが。日本の学生たちがとても重苦しく感じられる。どうしてだろうと考えて、やはり宗教の問題なのかなと思ったのです。日本は八百万《やおろず》の神の国で統一的な価値観がなく、言ってみれば「みなさん自由にやってください」という国でしょう。自由でありすぎるがゆえに、また一神教のように絶対の観念がないがゆえに、かえって横並びでないと社会がまとまらない。裏を返せば、社会をまとめるためには横並びからはずれた人、異質な人を排除しなければならないということです。そういう空気の下では、突出した人を叩く。つまり人を否定することでしか価値観を語れなくなるのです。だから、社会がどんどん均質化していくわけです。ドイツに行って、キリスト教社会って楽だなあと思いました。アメリカの場合、それともまた違う。半分、日本的な要素が入っているかもしれませんが。

**森**　出口が一緒だとしても、出口を出た後が違う。アメリカの場合、そこから多様な意見が出てくるのだけど、日本はひとつの方向に収斂されたまま、進路変更ができなくなる。

**上杉**　多様性がまったく認められない、他者の意見に対してリスペクトがない――日本の場合、どうしてこうなってしまうのか。

**森**　この対談のテーマに即して言及すれば、ひとつには上杉さんが指摘するように、メディアとジャーナリズムがまったく区分けされてないということが大きいと思う。商業倫理と報道姿勢が混然としてしまっているからじゃないかと思います。だからこそ市場原理が幅を利かす。ジャーナリズムが商業の前に膝を屈してしまう。

さきほど上杉さんが大本営発表という言葉を使いました。特に今回の原発報道について、多くの人が今のメディアは大本営発表そのものだとの言いかたをするけれど、僕はメディアを語る上では、戦前と戦後を区分けした方がいいと考えています。現状と大本営発表は決定的に違う。戦前は国家がメディアを抑圧し、制限していました。戦後は一応、それがなくなったけれど、代わりに台頭してきたのが市場原理です。ポピュリズムにメディアが完全に従属した。つまり自主規制ですね。独裁者がいるならば、その独裁者を倒せば民主化は実現できる。そのとおりです。問題は独裁者がいない独裁国家の場合です。倒すべき標的がいない。だってそれは自分たちなのだから。

## 自らプレイヤーになる記者クラブ記者

**森**　少し話題を変えます。北朝鮮のミサイル発射実験問題に関してだけど、あれを「ミサイル」と表現しているのは日本だけだと聞きました。

**上杉**　海外のメディアはロケットですね。

**森**　国連の議長声明においても「recent rocket launch」（最近のロケット反射）と記述されていました。ところが外務省はこの文書を、「最近のミサイル発射」と翻訳した。3年前の発射実験のとき、ＮＨＫと朝日新聞は「飛翔体」という表現を使ったと記憶しています。でも発射後に政府がこれからはミサイルと呼ぶと決議したとたん、全メディアがミサイルという言葉を使うようになりました。実際のところロケットとミサイルは、何を搭載するかの違いだけで、その区別は難しい。だから自己申告です。北朝鮮とは休戦中の韓国メディアでさえ、「ミサイル」ではなく「ロケット」と表現しています。ところが日本のメディアだけが世界で唯一、「ミサイル」と呼称し続けています。

**上杉**　そこはやはり記者クラブの問題です。仮に海外だったら「ロケット」でも「ミ

**枝野幸男**（1964～）政治家、衆議院議員。民主党幹事長、内閣官房長官、経済産業大臣、内閣府特命担当大臣（原子力損害賠償支援機構担当）などを歴任。

サイル」でも「飛翔体」でも、それぞれの判断で自由に使うことができる。ところが日本の記者クラブは政府や役所の規制を受けますから、政府が「ミサイル」といえば「ミサイル」に統一されてしまうわけです。

原発事故の報道でもそうです。昨年の3月14日ぐらいまでは、各メディアも「メルトダウン」「炉心溶融」という言葉を使っていました。それが枝野幸男官房長官が「燃料棒の一部損壊で、炉心溶融はしていない」と発表したとたん、「一部損壊」で統一されてしまった。自分たちの取材より政府発表を信じるわけです。そこで、僕みたいな人間が「メルトダウン」という言葉を使い続けると、不謹慎だ、デマだ、インチキだ、となる。

**森**　言葉の使いかたについては、確かに戦前の大本営発表とまったく一緒ですね。退却が「転進」であったり、全滅が「玉砕」であったり。統治する側にとって都合のよいフレーズに言い換える。それをメディアが踏襲してしまってはダメです。

**上杉**　原発事故でも3号機はあきらかに爆発しているのに「爆発的事象」とか。もっとひどいのは海外ニュースの翻訳報道です。バラク・オバマが大統領に当選したとき、僕はアメリカにいました。大統領選は2008年11月で、その次の演説で初めて「JAPAN」という言葉を使ったんです。東アジア・西太平洋地域に対する戦略的観点

**バラク・オバマ**（1961〜）アメリカ第44代大統領。同国初の黒人大統領であり、2009年度ノーベル平和賞を受賞した。
**ジョセフ・ロビネット“ジョー”バイデン・ジュニア**（1942〜）アメリカの政治家。第47代副大統領。民主党中道派を代表する。

は変えない、韓国、日本、インドネシア、フィリピン、オーストラリアなどの同盟国とはこれまで通りの関係をさらに深化・強化させていくと。ところが、それを聞いて、日本に帰ってきたら、メディアが「オバマ大統領、日本との外交関係強化へ」と大きく報道している。「えっ?」と思いましたよ。とくに日本だけを重要視した発言をしたわけではない。あくまでワン・オブ・ゼムです。それで僕は「片思い外交」・「片思い報道」という言葉を使い始めたのです。こうあってほしいという願望をメディアが勝手に報道してしまうわけです。

次に2009年、オバマが大統領になって、彼の外交チームがジョー・バイデン副大統領と温家宝首相のシャトル外交を開始すると発表しました。そうしたら外務省が半狂乱になってしまって、それは困ると言い出した。アメリカにとって本当に最重要国、カウンターパートは中国じゃないですか。日本は戦略的にはワンオブゼム（one of them）でしかない。しかし、外務省は日本の頭越しにアメリカと中国がパートナーシップを強化し出したとパニックになってしまったのです。

それからが滑稽でした。ちょうどヒラリー・クリントン国務長官が初外遊に出るときでした。最初に中国に赴き、次に訪日した。そのとき、クリントン長官がオバマ大統領の親書を携えてきたのです。時の麻生太郎首相をホワイトハウスに招待するとい

**温家宝**（1942～）中華人民共和国の政治家。中国共産党中央政治局常務委員。2003年から第6代国務院総理（首相）を務める。
**麻生太郎**（1940～）政治家、実業家。第92代内閣総理大臣。自由民主党所属。経済企画庁長官、外務大臣などを歴任。

う内容の親書です。すると、日本のメディアは一斉に「オバマ大統領、初首脳会談は日本の麻生総理と」と書き立てるわけです。それで、そう報道したとたん、オバマ大統領が国境を越えてカナダの大統領と会談してしまった。すると、その翌日から日本の報道はどう変わったか。今度は「オバマ大統領、クリントン長官に託した親書に基づき、初のホワイトハウス招聘を日本の麻生総理に」です。その記事を読んでありがたがっている日本人ってお目出度いなあと思います。それって首相がホワイトハウスに呼びつけられているわけで、要するに朝貢外交です。

麻生さんも拒否すればいいのに、国会日程を止めて喜んで出かけていくわけです。そこでホワイトハウスで1時間15分ぐらいオバマと会談をするにはした。さらに滑稽なのはその後です。オバマ大統領は麻生さんをほったらかしにしてランチに行ってしまったのです。一国の首相を呼びつけておいて、晩餐会に招くどころかランチすら出さない。仕方なく麻生さんは旧政権のリチャード・アーミテージたちと食事した。そしてその時オバマ大統領は実はニュースキャスターたちとランチしていたんです。日本は、言ってみれば貸しを作られた上でコケにされたわけです。そんな実情を日本の新聞は何と伝えたか。「オバマ=麻生外交大成功」「オバマ大統領、日本の小浜市にも行きたいと語る」。後者に関しては、後にそんなこと言っていないのがバレました。

**ヒラリー・クリントン**（1947～）アメリカの政治家、弁護士。第67代国務長官。

すべてが片思い外交・片思い報道が作り出したフィクションなのです。

これの何がいけないのかというと、日米関係が緊密であった時代の報道との整合性にこだわってしまっているところです。アメリカが中国をアジアにおけるカウンターパートに選んだというのは客観的事実なわけで、それを認めてしまうと従来の報道との整合性がつかなくなってしまう。そこから今度はアメリカは日本を見捨てたというような極端な視点さえ出てきてしまう。外務省のうろたえぶりも、メディアと大同小異です。これは本当に不健全だと思います。

客観的に見れば、現在のアメリカの外交戦略における日本の位置づけはヨーロッパの英仏、中東のイスラエル、アジアでは中国の次ぐらいです。わかりやすくいうと、アメリカから見た日本というのは、日本からみたフィリピンぐらいに相当する。だから、さすがに首相の名前ぐらいはわかるけど、外務大臣とかの閣僚クラスは名前すら知らない。その程度にしか思われていないのに、いまだに「アメリカにとって日本はもっとも特別な国」という思い込みが外務省にもメディアにも蔓延している。その温度差が混乱を生むわけです。そういう片思い外交・片思い報道は百害あって一利なしだと2008年ぐらいに発言したら売国奴だと言われた（笑）。

**森**　それは、パニックを恐れて真実を報道できないということですか？

**リチャード・アーミテージ**（1945～）アメリカの政治家、軍人。知日派として知られ、日米外交において大きな役割を担ってきた。

**上杉** 僕の考えでは、これにも記者クラブの問題が大きくからんでいます。なぜかというと、記者クラブの中でも総理同行できるのは政治記者の花形なのです。外遊となると政府専用機に総理と同乗して各国に飛ぶ。そうすると、自分を一報道記者ではなくプレイヤーだと思い込んでしまう。だから、たとえ外交に失敗したとしても「失敗した」とは書けなくなる。社内でも上から「なんだ、俺が行けばもっといい記事が書けたのに」とか言われてしまいますし。先の麻生首相のホワイトハウス訪問にしても、首脳会談は失敗だった、完全にコケにされたと書けばいいのに、そうは書けないわけです。一社が「オバマ＝麻生会談大成功」と書くと、後は横並びですから、もうどうにもならない。

そうした報道の問題が国会にまで影響を与えてしまった例が、ルーピー問題です。あれはワシントン・ポストのアル・カイマンというコラムニストが時の鳩山由紀夫首相をルーピー（愚か者）と評したのがきっかけでした。彼はもともとそういう書き方をする記者で大騒ぎする話ではない。まあ、産経新聞に勝谷誠彦さんがけっこう厳しい口調で書いたというようなイメージでしょうか。つまり、「ワシントン・ポストに寄稿しているアル・カイマンという外部コラムニストが鳩山首相をルーピーと評した」と伝えるのが正しい。それを日本の新聞記者はここでも匿名性の罠に陥ってしまって、

**ルーピー問題** 2010年当時、普天間基地移設問題などでの迷走ぶりを、アル・ケイマン記者がloopy（愚か者）と揶揄した問題。
**アル・カイマン** アメリカのジャーナリスト。現在はワシントンポストのコラムニスト。「ワシントン・ポストの悪ふざけ男」の異名を取る。

記事を書いた主体をアル・カイマンという個人ではなくワシントン・ポストにしてしまった。「アメリカの有力紙であるワシントン・ポストが鳩山首相をルーピーと評した」とやってしまったのです。すると、それがどんどん広がってしまって、しょせんアメリカの地方紙の一コラムニストが書いたに過ぎない記事なのに、国会で谷垣禎一自民党総裁が「鳩山首相はワシントン・ポストでもこうやって批判されている」などと追及することになる。その瞬間、この国の言論とメディアのレベルの低さに本気で唖然としました。要するに、フィクションを国家全体が真に受けてしまっている。海外メディアにいた人間は、そこに絶望を感じざるを得ない。

ご自身では非ジャーナリストとおっしゃっているけど、森さんのような人こそが本当のジャーナリストなんですよ、海外メディアの感覚では。森さんがアメリカに生まれて、こういう仕事をしていたら、ふつうだけど極めて優秀なジャーナリストになっていたと思う。

## 誰も正面から取材を申し込まない

**森**　……たぶん埋もれた存在になっていたと思うけど（笑）。日本だから多少、浮い

**鳩山由紀夫**（1947～）政治家。衆議院議員。旧民主党代表、民主党代表、内閣総理大臣などを歴任。
**勝谷誠彦**（1960～）ジャーナリスト、コラムニスト、写真家、コメンテーター。文芸春秋で記者を務めた後、フリーランスとなる。

た存在、目立つ存在になっているということじゃないかな。前にも話したけど、なぜあなただけがオウムの日常を撮れたのかとよく質問されるけれど、その答えは、僕だけがオウムに撮らせてくれとオファーしたからです。こんな肩透かしの回答はないですよね。でも事実だから仕方がない。もちろん当時、オウム報道は早朝から深夜まで流れていて、大勢の取材チームが隠し撮りなども含めていろいろやっていたけれど、信者たちに対して「あなたたちの生活を撮りたい」と申しこんだのは、僕しかいなかったということになります。撮影中は、なぜ他のメディアがオウム施設内部にいないのか不思議でした。普通に手続きをすれば了解は取れるのに。言い換えればあの時期、彼らにオファーしさえすれば、誰だって撮れたはずなのです。

ならばなぜ彼らは撮ろうとしなかったのかと次に質問されるけれど、それは僕にはわからない。撮ろうとしなかった人たちに聞いてくださいと答えています。

**上杉**　正面から取材を申し込むというのは海外メディアでは当たり前のことですけど、日本のメディアは正面から言わない。僕も小沢一郎さんに何度も取材し、インタビューもたくさんとっているわけです。すると小沢の犬だとか言われていますけど（笑）。でも小沢さんからすると、だって上杉さんしかインタビューに来ないんだもん（笑）。小沢さんの元には、取材依頼自体がこないと言っていました。だから僕がイン

**谷垣禎一**（1945～）政治家。第24代自由民主党総裁。、科学技術庁長官、産業再生機構担当大臣などを歴任。
**小沢一郎**（1942～）政治家。衆議院議員。国民の生活が第一代表。

タビュー依頼を2~3回出したらOKになったんです。

**森**　まったく同じですね。

**上杉**　小沢さんに関しては、他の人は厳しい質問もしないし、取材もこない。だから、森さんのように世界標準でいうとふつうのジャーナリスティックな感覚を持っている方にはとても不思議な状況だと思う。

**森**　ジャーナリスティック以前の問題でしょう。交渉して話を聞かせてくださいと打診する。普通のことだと思います。まあ、オウムのときは、悪の権化であるオウムと交渉すること自体が許されないというような雰囲気はありました。さらに彼らの言い分や主張をテレビで紹介することは、国民をマインドコントロールすることと同義であるなどと言いだす人もいて、オウムの取材はとても歪《いびつ》なものになっていた。凶悪で狂暴な集団と報道する分には問題はないけれど、違う視点を提示しようとすると、オウムを擁護するのか式のバッシングに晒される。その後遺症が、地下鉄サリン事件の翌年に起きた駐ペルー日本大使公邸人質事件です。このとき公邸に日本のテレビ局の記者が単独潜入して、公邸を不法に占拠したテロ組織であるトゥパク・アマル幹部へのインタビュー映像を撮りました。大スクープです。でも日本のテレビ局は、この映像を封印しました。テロ組織のプロパガンダになるからという理由です。その判断を

**駐ペルー日本大使公邸人質事件**　1996年12月にペルーの首都・リマで起きたテロリスト集団による駐ペルー日本大使公邸の占拠事件。
**トゥパク・アマル**　ペルーの左翼武装組織。活動拠点は首都のリマ。前述の駐ペルー日本大使公邸人質事件などを引き起こした。

するのは報道機関ではなく、社会のはずです。民衆は簡単に騙されるから自分たちが判断するということでしょうか。ならば明らかな選民思想です。でもこれ以降、多くの人が悪と認定した個人や組織については、叩く以外の要素でメディアに登場させないとの傾向が明らかに強まりました。そのきっかけもオウムです。

**上杉**　じゃあ、相手の言い分は取材できないわけですか？

**森**　帰結としてそうなりますね。その言い分を真に受けてしまう人がいるから、知らせないし出さないとの論理です。

**上杉**　それって、今回の放射能報道とまったく一緒ですね。

**森**　そうです。同じ構造です。

**上杉**　細野豪志大臣が言っていましたし、枝野幸男さんも最後に認めましたけど、事故直後の段階ではとても事実を言うことができなかったと。あそこで発表したらパニックになったからと言う。だから、政府とマスコミだけが知っていればいいのだと。それはとんでもない選民意識です。それと、国民には冷静な判断ができないと思い込んでいる。衆愚という意識があるのですよ。驕りですよね、政治とメディアの。

**森**　レベッカ・ソルニットはその著書『災害ユートピア』で、災害や事件があったときにパニックになるのは現場の人々ではなく、むしろメディアや政府中枢部などエ

**細野豪志**（1971～）政治家。環境大臣、内閣府特命担当大臣（原子力行政・原子力防災担当）、内閣総理大臣補佐官などを歴任。

リート層であると指摘しています。現場でパニックが起きるのではないかと、彼らはパニックを起こすのです。震災後の日本人はとても冷静で暴動など起きなかったとよく言われますが、この傾向は実は世界共通で、災害後にどの国でも民族でも、人々は自制し助け合うのだとソルニットは主張しています。もちろん暴動や略奪が起きる場合もありますが、それはとても稀な例です。

でも他国の場合にはメディアが大きく報道するから、そういうものだと多くの人は思い込んでしまっている。そして日本の場合は、助け合う場面やエピソードばかりが強調される。その意味ではどっちもどっちです。

**上杉**　今回の原発事故でパニックになったのは政府なのです。さらにメディアがパニックを撹拌した。森さんのご指摘通りです。それは結局、95年のオウム事件からメディアが何も進歩してこなかったという証左です。

**森**　この視点については、関東大震災のときから進歩してない。あのときも讀賣新聞（当時）はじめメディア中枢部がパニックになって、在日朝鮮人が暴動を起こすなどとさまざまなデマを飛ばして、その結果として朝鮮人虐殺が起こりました。

**上杉**　それは読者や視聴者に対しての驕りですよね。

**森**　驕りでもあるし、そこにポピュリズムが結び付くと、本当に始末に負えないもの

**レベッカ・ソルニット**（1961～）アメリカの作家、ジャーナリスト。直接民主主義の理想を掲げる。仏教徒でもあり、3.11 関連の講演なども多い。代表作は『災害ユートピア』。

になる。それに拮抗できるのは、たぶん対権力の意識であったりジャーナリズムの背骨であったりするけど、それがないものだから何か起きると、日本はぐずぐずになってしまう。

**上杉**　森さんはこの仕事をはじめてからどのぐらいですか？

**森**　テレビの仕事をはじめたのが80年代です。

**上杉**　いやになりませんか？

**森**　ちょうどオウムの頃に、テレビの仕事はもういいやという気分は、確かに少しだけありました。特に「A」を撮っているときには、撮り始めて3日後に撮影中止を命じられましたから、結局はひとりでカメラを回しながら、これを撮り終えたら公民館か市民ホールとかで上映会をやって、それから別の仕事をすることになるだろうなと本気で考えていました。その気分の背景にあったのは、主観を出してはいけないと言われ続けていたことです。ディレクター時代はドキュメンタリーや報道番組などをメインのフィールドにしていました。でも編集を終えての試写の際、プロデューサーからは必ずのように、「あのカットはお前の主観が出ている」とか「ナレーションで意見を表明しすぎている」などと指摘される。そういうことの繰り返し。自分はよほどこの仕事に向いていないのだろうかと思っていました。

**上杉**　森さんの中に、ある種の諦めはありますか？

**森**　諦めてはいないけれど、手ごわいなとは思います。たとえば「マスゴミ」のような言葉でメディアを批判するのは簡単です。しかし、メディアだけを叩いても仕方がない。その背後にある市場の問題を考えないといけない。視聴者や読者がメディアを造形します。今の日本のメディアが劣悪な存在であるならば、その市場である社会が同程度に劣悪であるということです。その意味では政治と同じです。社会が素晴らしいのにメディアや政治だけがどうしようもないという状況はありえない。絶対に相互作用です。メディアが変わるためには社会も、つまり自分が変わらなければならない。でも社会を変えるための最大の要因はメディアです。つまりニワトリと卵のパラドックスですね。常にこれに突き当たる。だからこそ社会を最終的には信頼しているレナード・ダウニーはポジティブになれるし、そこまで社会を信頼できない僕は、ネガティブな見方になる。

## クリティカル・マスへの期待

**上杉**　改革のための具体的なプログラムというのは立てられそうですか？

**森**　ニワトリと卵のパラドックスについて言えば、メディアは自分だけでは変わらないと思う。あれだけの巨体になってしまうと身動きが取れないです。しかし、マーケットである社会が少しだけ変わることによって、メディアが少しだけ変わる。メディアが少しだけ変わればマーケットもまた少し変わる。そういう相互反応が徐々に進んでいくのではないかという期待は持っています。つまり先行するのはこの社会です。その祭の重要な因子はメインストリーム以外のメディア、そしてメディア・リテラシーなどの知識。これらが作用すれば、少しくらいの変化は可能だと思う。

経済用語にクリティカル・マスという言葉があります。過半数までいかなくても全体の12～13%が変わったとき、全体が相転移を起こすという現象があるそうです。つまり少数派が世界を変えることはありうる。そういった現象が、メディアと社会とをめぐる関係においても、起きる可能性があると思う。だから、少数派でも諦めちゃいけない。上杉さんも少数派でしょう？

**上杉**　僕も可能性は感じます。この2年ぐらいで状況がずいぶん変わりましたから。それはやはり、ネットのインパクトによるところが大きいです。とくに3・11以降、メインストリームメディアの提供する情報だけが情報ではないということを、ネットで情報収集している人たちが気づき始めている。僕の最終的な狙いは記者クラブの開

**クリティカル・マス**　経済・マーケティング用語で、ある商品やサービスの普及率が一気に跳ね上がる際、その分岐点となる普及率のこと。
**ハフィントン・ポスト**　アメリカのインターネット新聞。さまざまなコラムニストが執筆する論説ブログが中心。

放ですけど、それを実現するためにも、ネット上にこういう新しいメディアが存在できるんですよということをノーボーダーというメディアカンパニーを創って具体的に提示しはじめています。新しいメディアといっても、アメリカのハフィントン・ポスト、プロパブリカ、ポリティコといったネット・メディアの真似です。ビジネスモデルとして、それらを融合させたりしています。いま挙げた三つのネット・メディアがアメリカで登場したのは4～5年前なのに、あっという間にピューリッツアーなんかもその三つで独占するような状況です。向こうではメインストリームメディアを凌駕するというより、一緒にやるという方向のようです。

**森**　確かにポリティコなどには、アメリカのメインストリームメディアが相当に影響されていますね。

**上杉**　そういう意味では、日本はだいたいアメリカの4～5年遅れなので、数年後をみればメインストリームメディアからこちらに来る人もいるだろうし、彼ら自身で立ち上げるケースも出てくるでしょう。僕が立ち上げたメディアのひとつにニュースログというネット新聞があって、すでにＮＨＫや産経新聞の総局長・支局長クラスの方が入ってくれています。そういう人たちが増えれば、大きなブレークスルーがありうるかもしれない。

**プロパブリカ**　アメリカ・ニューヨークに本拠を置く非営利（NPO）の報道組織。調査報道を専門とする。
**ポリティコ**　アメリカの「ウェブと紙で展開する」ハイブリット新聞。著名ブロガーなどを記者として迎え、政治状況を解説させている。

**森**　うん。クリティカル・マスが起こるかもしれない。メインストリームメディアにも優秀な人はたくさんいます。ただやはり問題は、上杉さんも指摘したようにメディアとジャーナリズムの論理が一体化してしまっていることですね。たとえば２００３年に米軍がバグダッドに進行したとき、直前までバグダッドにいた日本のメディアはすべて、隣国のヨルダンなどに退避しました。残ったのはフリージャーナリストと海外メディアです。ただし会社から退避せよとの指示が来たとき、これに抵抗した記者やディレクターは相当数いたと聞いています。当たり前です。ジャーナリストとしては、ここで退避したのでは何のためにいたのかわからない。でもメディアの一員、つまり社員としては、会社の指示に背くわけにはゆかない。組合の問題もありますね。組合員を命の危険にさらすわけにはゆかないという発想も当たり前です。結局のところ企業の論理は、ジャーナリズムの精神に適合しない。だからこそ欧米のメディアはこれを区分けする。あるいは専門職と契約する。でも日本の場合は、メディアの論理にジャーナリズムが摩擦なく回収されてしまっている。個人的には苛立ちや高い志を持つ人はたくさんいます。でもそんな人は出世できない。孤立してしまう。結果として企業内で、ジャーナリズムの論理はますます痩せ細る。

**上杉**　僕が奴隷という言葉を使ったのはそういう意味で、打ち破るのはあくまでも中にいる人なのです。日本の記者って、実は能力は非常に高いんです。たぶん世界の中で比べても基礎学力や能力に関しては日本の記者がダントツだと思います。そんなに優秀なのに、自主規制とシステムの問題で自由な取材活動ができないため、能力を発揮できない。それはやはり、記者クラブというシステムが作り出してしまった弊害です。

ただ、本気でやろうと思えばできるはずです。自己保身の殻を打ち破る気概さえあればいいのです。今回の原発事故報道でも、僕は非常に残念に感じたのですが、彼らはこんな文字通りの緊急事態に際してもいつもと同じ態度を取ったのです。原発事故が起きたとき、3・11の報道で来ていた海外メディアも、フリーランスも、私たち自由報道協会も、ガイガーカウンターを持って事故現場などに突っ込んで行きました。ところが、記者クラブの記者だけはみんな逃げてしまった。彼らに言わせると、これは内規に従った行動だという。原発事故が起こったときは社員は全員退避するという内規です。しかし制作会社の人間は入ってもいいという。これには本気で怒りましたよ。何で社員は安全のために全員退避なのに、制作会社の人間は構わないのか。下請けやフリーランスは人間じゃないのかと、今回ばかりはちょっと許せなかった。3・11以前は、それでも最終的には許してきたのですけど。

**広河隆一**（1943~）ジャーナリスト。イスラエル、パレスチナの双方に多くの情報源を持ち、パレスチナ問題を精力的に取材し続けている。

これは広河隆一さんの受け売りですけど、ジャーナリズムでいちばん大事なのは、大きな事故や戦争が起こったとき、その後の一週間でなにをするかということです。アプローチの仕方は人それぞれだけど、あとから振り返ってみて、そこでなにをしたかが問われる。僕の場合、とにかく情報公開の観点から官邸にアプローチしまくりました。4日間、他の仕事を止めていました。それで、会見に海外メディアとフリーランスを入れてくれと要望をだした。そのあとは、どこに情報が集まるかを考えて東電本店に取材に行った。「お前、東電」と自動的に割り振られた大手メディアの記者も大勢来ていましたよ。でも、何の問題意識も持っていないから何の質問もしない。このシステムは本当にひどいなと思いました。優秀なジャーナリストがいたとしても、このシステムの中では腐っていくしかないのです。

とにかくジャーナリストというのは現場に行くものでしょう? 現場に危険があるのは当たり前じゃないですか。ジャーナリストというのはもともと危険な職業です。だいたい世界のジャーナリストは年間40~100人ぐらいは死んでいるのです。ニューヨーク・タイムズの記者も死んでいますし、BBCの記者も命を落としています。過去数十年、一人の死者も出していないのは、日本の既存メディアの記者だけです。取材中に亡くなったのは、イラクで銃撃に倒れた橋田信介さん、シリアで撃たれ

**橋田信介**（1942～2004）ジャーナリスト、報道写真家。2004年、イラク戦争取材中にバグダッド近郊で襲撃を受け、同行していた甥の小川功太郎とともに殺害された。

た山本美香さんはじめ、フリーランスばかり。もちろん、死ねといっているわけではありません。会社の内規があるから、あるいは政府のルールがあるからといって現場に近づこうともしない、それでジャーナリストを名乗るのは恥ずかしいということだけです。

最近、そういう雰囲気を壊そうと思って原発の20キロ圏内に突入してみました。ツイッターでわざと「ひばくなう」とかつぶやいてみました。そして現場の方々といろいろ話して、同行したフリーライターの畠山理仁さんといわき市の焼き鳥屋さんにご飯を食べに行きました。それまでに作業員たちから私は聞いていたわけです。「マスコミはひどい」「記者たちは被ばくさえしてない」「何シーベルト被ばくすると危険とかいうけど、俺たち、毎日ミリ単位で被ばくしてるんだぞ」「被ばくという言葉さえ使っちゃいけないのか」——だから、思い出して私は畠山さんに「あえて炎上させましょう」と言って、ツイッターで「ひばくなう」とつぶやいたのです。そうしておいて畠山さんに、「このつぶやきを見た人たちから、今から1時間以内に『不謹慎だ』『取り消せ』という苦情が殺到する。2時間でまとめができる。3時間で江川紹子さんみたいなビッグネームから『許せない』と言ってくるから楽しみにして待ちましょう」と告げたのです。それでツイッターを見ながら待っていたのだけど、ひとつだけ大きな間違いを

**山本美香**（1967～2012）ジャーナリスト。ボーン・上田記念国際記者賞特別賞を受賞。シリア取材中、銃撃により殺害された。
**畠山理仁**（1973～）フリーランスライター。著書に『記者会見ゲリラ戦記』がある。

犯したのは、すべての反応が返ってくるのが3時間じゃなくて30分だった（笑）。この情報伝達のスピードに、ある意味、感心しました。

第五章

# メディアは市場原理でしか動かない

## 徒《いたずら》な自主規制は海外では恥である

**森**　後に「Ａ」というタイトルの映画になる映像を撮り始めてすぐに、局の上層部から撮影中止を命じられたとき、その理由を僕は明確には理解できていませんでした。

**上杉**　ということは、言葉は悪いですけど「Ａ」は確信犯的に撮り始めたわけではなかったということですか？

**森**　まったく違います。テレビ・ドキュメンタリーとして放送されるはずでした。フジテレビの深夜で放送枠も決まっていました。ところが撮影３日が過ぎた段階で、制作会社のプロデューサーから、有田芳生《よしふ》さんや江川紹子さんみたいな反オウムの人をリポーターにせよとか、あるいはオウム側を撮るのと同じ尺だけ被害者もしくは被害者遺族を撮影しろとか、そんな条件を提示された。正面から反論するような気概はまったくなかったけれど、リポーター付のドキュメンタリーは未経験なので自信がないし、被害者遺族に関しては必要と自分が思ったら撮りますなどと返答していたら、いきなり撮影中止という判断を下された。

その背景にあった要因の一つは、坂本弁護士一家殺害事件とＴＢＳの因果関係です。

**有田芳生**（1952〜）ジャーナリスト、テレビコメンテーター、参議院議員。1995年に起きたオウム真理教事件に伴い、オウムウォッチャーとしてテレビ出演し、有名となった。

ＴＢＳのワイドショーが坂本堤弁護士のインタビュー映像をオンエア前にオウムの幹部たちに見せたことで、結果的には一家の殺害に繋がったということが明らかになった。しかもＴＢＳはこの事実を伏せていた。それが発覚したものだから大騒ぎになって、各局が一斉にＴＢＳを叩きはじめた。まあ、叩くのは当然にしても、叩きながら各局は、「ウチもやばい」と考えました。オウム報道については各局ともやりたい放題やっていましたから、どこも叩けば埃はでてくるわけです。だからこそこの時期、マスメディアほぼすべて、あれほどに狂奔していたオウム報道について、過剰にナーバスな方向に転換します。この時期にはまだ、フジがダメでも他局に持ち込めばいいと楽観していたのだけど、結果としては、どこに持って行ってもダメでした。少し映像を見ただけで「こんなとんでもないもの放送できません」と言われるわけです。映像作品も発表している出版社に持ち込んだこともありますよ。やっぱりダメでした。それで万策尽きて、やむなく自主製作映画になるわけです。自分で選択したわけではありません。追い詰められてこうなった。

ならばマスメディアは何を恐れたのか。これは後でわかります。なぜなら観客の感想をたくさん聞きました。映画とテレビはここが違いますね。映画は一過性では終わらない。ずっと持続します。観客の感想でいちばん多いのは、「オウムの信者があのように普通だとは思いませんでした」なんです。その通り。彼らは普通の人々です。「普通」の定義は実のところ難しいけれど、少なくとも彼らは、森達也よりはるかに善良で純粋で優しい人たちです。ならばなぜ、善良で純粋で優しい彼らが、あのような凶悪な事件を起こしたのかを考えるべきだった。でも結果的にこの社会とメディアはその考察を拒絶して、凶暴で凶悪だからあのような残虐な事件を起こしたのだとの単純な論理に回収してしまった。

**上杉**　たぶんメディア的には信者の狂気みたいなものをみせたかったのでしょうね。

**森**　あの当時——今もそうかもしれないけど——メインストリームメディアがオウムを描くときのレトリックは二つしかありませんでした。ひとつは凶暴・凶悪な殺人集団。もうひとつは麻原に洗脳されて自分の感情を失ったロボットのような不気味な集団。この二つのレトリックに共通しているのは、彼らが自分たちとは違う存在なのだということです。彼らをそのように描けば、視聴者たちは「こんな凶暴で悪い奴らだから」、あるいは「こんな洗脳された奴らだから」あんな残虐な事件を起こしたのだと腑に落ちるわけです。ところが、彼らが自分たちと変わるところのない普通の人間だとの前提を認めてしまうと、誰もがこのような凶悪な犯罪を起こす可能性があるという認識を突き付けられてしまいます。それは社会としては認めたくない。特別な人たちだからこそ、あのような事件を起こしたのだと思いたい。基本的にマスメディアは、多くの人々の願望には逆らいません。むしろ助長します。そのほうが視聴率や部数などの数字も上がります。だからこそ彼らの普通さを伝えてしまう僕の映像が、あの時期はマスメディアからは忌避されたのだと今は思っています。

いま話しながら思い出したけれど、「A」の次の作品である「A2」を公開する直前に、テレビ朝日の「ザ・スクープ」で公開される映画の紹介として一部の映像を放送したことがあります。このときは僕も出演しました。もちろん映画制作サイドとしては、とても強力なパブリシティです。でもこのときは、放送中から局の回線がパンクするほどに抗議が殺到したとプロデューサーから聞かされました。そのときに使った映像は、信者たちが和気あいあいと夕食を食べているシーンでした。抗議のほとんどは、「人殺し集団が笑っている映像などなぜ放送するのだ」「遺族の気持ちを考えないのか」というようなものだったそうです。パブリシティとはいえ作品の一部を安易に放送すべきではないと、あらためて反省しました。

**上杉**　森さんの映像を観て、マスメディアの人間がある大きな問題を突き付けられたのではないですか？

**森**　……どうかなあ。そもそも「A」や「A2」が公開された頃、マスメディアの多くの人たちは、僕の映像を観ていないと思うし。まあ今だって、観てくれた人はごく一部だと思います。あの頃は皮膚感覚的に、この映像をテレビで放送することはまずいと判断したのでしょう。そんな体験を経ていま思うのは、テレビも含めたマスメディアにおける市場原理の絶対性です。つまり視聴者や読者が望む方向に流れてしまうということ。ある意味で仕方がない。ビジネスですから。客が望まない野菜ばかりを店頭に置いている八百屋は経営難に陥ります。確かにあの時期、「Ａ」や「Ａ２」をテレビで放送していたら、抗議が殺到していたことは間違いなかっただろうと思います。視聴率は落ち込むだろうし、スポンサーから苦情がくるかもしれない。それほどにオウムに対する憎悪や嫌悪は強い。彼らの日常を提示するだけで、オウムを擁護するのかと詰め寄られるわけです。その意味では拉致問題発覚後の北朝鮮の位置に近い。とにかく叩くことが大前提。そうした世相があるからこそ、メディアは迎合していかざるを得なくなるのです。

時おりメディアが世相を誘導しているとか偏向しているなどの指摘を見かけるけれど、実のところマスメディアには、主義主張やイデオロギーやメッセージは希薄です。彼らにとっては、視聴者・読者に迎合することが最優先事項です。だって売上に結び付くわけだから。決して批判するつもりはない。営利企業であるかぎりは当たり前のことです。テレビも新聞も雑誌も、それを見る人・読む人・買う人によって社員一人ひとりの生活が支えられている。それは否定できない。でも市場原理を最優先事項としたその瞬間から、メディアは民意によって造形されることを回避できなくなる。その結果、民意が求める単純化・簡略化——つまり「わかりやすさ」を表現の主眼に置くようになってしまう。今のメディアの振る舞いというのは、ほとんどそこに当てはまるんじゃないかと僕は思っています。

**上杉**　まったく森さんの意見に同感できますし、私自身の身に起きたことも結局はそれに近いことでした。メディアが意志をもって視聴者なり読者なりを洗脳しているのかというと、それは違う。私はそういうことを言ったことは一度もありません。メディアの中にいる人たちというのは一人ひとりは無意識で、おそらくは善意の人なのです。それが集団になると、前にもいったようにシステム独裁が生じ、いたるところで合成の誤謬が起こる。本来、求めていたのとは違う方向に突き進んでしまうわけです。

先にハルバースタムの『ザ・ベスト・アンド・ザ・ブライテスト』に言及しましたけれど、あそこに描かれているように、エリートたちほど合成の誤謬に陥りやすいというのはあると思います。エリートにかぎって、一人ひとりは善良なのに全体として大きな間違いを犯してしまう。まさにオウムもそうだったのかなと思いました。それで森さんのお話をうかがっていて思ったのは、もしかすると大手メディアの中にいる人たち——均質化されたエリート——は、オウムの普通さの中に、どこか自分に近いものを肌で感じ取っていたのではないかということです。自分も一歩間違えばこの中にいたのではないか——そんな恐怖心から、たとえば森さんの作品などもお蔵入りさせてしまう。無意識の裡に自主規制が働いたのではないかと思う。

大手メディアのエリートたちも含めて、日本のエリートというのは概してシステムに対して従順です。そのシステムへの従順さゆえに、逆にマインドコントロールされやすいのかなという気もします。海外のメディアに洗脳がないかというと、それはまったくないわけではないでしょう。ただ、欧米のメディアに限って言えば、僕はまったく感じたことがない。森さんの作品だって、海外であれば普通に世に出ていたと思います。もちろん、自主規制がないわけではありません。たとえばタバコのメーカーがスポンサーについている枠では、タバコ批判の番組は作れないでしょう。そうした例は多々あります。でも自主規制という形は、海外ではとても恥ずかしいことなのです。森さんのようなケースと立場で、「それは出せないよ」とはとても言えない。

そういう意味では、記者クラブシステムを軸とする日本のメディアというのは、やはり異質なのです。原発批判にせよなんにせよ、一人ひとりは善意の人ですから、やらなくてはいけないことがわかっている。でも、わかっていてもできない。それはシステム全体の問題です。一人ひとりが自分がシステムに洗脳されているんだということを意識しないと改善できないという絶望的な状況なのです。

## 互いにマインドコントロールし合っているという前提

**森**　ひとつだけ補足していいですか。強制的な圧力を伴う洗脳と、意識を誘導するマインドコントロールは、まったく違う概念です。たとえば戦場などで捕虜を強制的にブレインウォッシュする。あるいは国民を収容所に入れて拷問などで思想を変えさせる。これが洗脳です。オーウェルの『１９８４年』で、主人公のウィンストン・スミスがラストで思想警察から受ける監禁と拷問。そして強化される国家への忠誠。あれはまさしく洗脳です。有名なものに映画「影なき狙撃者」「クライシス・オブ・アメリカ」の原作である『ザ・マンチュリアン・キャンディデイト』があります。それに対して刷り込みの要素が大きいマインドコントロールは、ある意味で文化と同義でもあります。たとえば教育もマインドコントロールだし、宗教ももちろんそう。テレビのＣＭだってそうですね。つまり僕らの日常は、多くのマインドコントロールで成り

**ジョージ・オーウェル**（1903～1950）イギリスの作家、ジャーナリスト。『1984 年』の作者として知られる。
**1984 年**　ジョージ・オーウェルが 1949 年に刊行した小説。

立っている。この本だってそうですよ。たとえば、僕らからすると北朝鮮の人たちは主体（チュチェ）思想にマインドコントロールされているように見えるけど、北朝鮮の人たちからすれば僕らが民主主義や資本主義にマインドコントロールされているように見える。相対的な概念です。おまえたちは洗脳されていると言い合っても無益です。どちらのマインドコントロールがより人を幸せにできるか、より人を害するところが少ないかという観点から、考察されねばならない。そう考えれば少なくとも、僕は主体思想や絶対主義や独裁体制よりも、資本主義や民主主義を選択します。まさしくチャーチルが言ったように、他により良いイズムが見つからないからです。必要なのは相対的な視点です。しかし特定の個人や組織、ある対象に対して「彼らはマインドコントロールされている、洗脳されている」と決めつけた瞬間に、自分が相対値ではなく絶対値になってしまう。それはとても危険な発想だと思う。

**上杉**　決めつけるということが逆にマインドコントロールになるわけですね。

**森**　お互いにマインドコントロールし合っているという視点を持つべきです。テレビ時代に「放送禁止歌」というドキュメンタリーを作りました。誰もが放送禁止歌というカテゴリーがメディア内には存在していると思い込んでいた。メディアだけじゃなくて、ミュージシャン、レコード会社、音楽業界も含めて、この社会全域と言ってもいいかもしれない。ところが調べてみたら、そんな規制などどこにもない。つまり自主規制であると同時に、規制の主体が自分たちであることを放送業界の人たちが忘れていた。極めて日本的な現象だと思います。なぜ放送禁止歌ができるか、なぜこの歌は放送してはならないという標識が立てられるのか。標識がないと人々が不安になるからです。ここから先は立ち入り禁止ですよ、ここから先は足を踏み入れてはなりませんよ——そういうサインがあってはじめて、人は「ではこちら側は安全なんだ」と安心できる。つまり、人には限りない自由に対して逆に不安を覚えてしまうという心性がある。これは人類全般に共通した心性です。エーリッヒ・フロムが書いた『自由からの逃走』は、ナチス・ドイツをモデルケースにしながら、自由に脅えながら全体主義を標榜してしまう人々の心性を解析しています。とくに日本人はその傾向が強くて、勝手にいろんな標識を立ててしまうわけです。そして自分たちでその標識を立てたにもかかわらず、それを何か一般意思のようなものが立てたと思い込んでしまう。自律を他律とすり替えてしまうわけです。つまり共同幻想です。

放送禁止歌はその象徴でした。でも類似した例は、僕たちの日常の至るところにあります。日本という共同体の中に偏在しています。そうした今の日本社会の傾向、もしくは日本社会が昔から持っているメンタリティ——そこまで考えていかないとメ

**エーリッヒ・フロム**（1900～1980）ドイツの社会心理学、精神分析学、哲学の研究者。

ディアの問題を解決するのは難しいと思う。再三、強調しているように、メディアは民意の鏡像です。単純に今のメディアのここがダメとか許せないとか、マスゴミなどの言葉を使いながら嘲笑しても意味がない。メディアは僕たち自身だからです。

**上杉**　確かにメディアの病理を批判するだけでは出口はないですね。それで自由報道協会のような場を作り、ほら、こういう場を作れば多様な言論を担保することができるんだよと、親切にも具体例を提示しながら戦ってきたわけです。いま森さんから標識という言葉をうかがって、なるほどと思ったのですが、記者クラブというのも一つの標識なのです。森さんの言葉を流用させていただけば、共同幻想としてのルールです。たとえば最近、木野龍逸さんという自由報道協会のライターが東電会見から排除されるという事件がありました。記者クラブの人たちは彼が排除されたのはルールを破ったからだという。では、どんなルール破りがあったというのか。会見を録音した、ただそれだけです。僕はそれを聞いたとき、国有化される——つまり国民の税金で運営される公益性のある企業の情報は、当然、国民に知る権利があるわけですから、そのルールは適用外でしょうと言ったのです。向こう（東電）が勝手に作ったルールに乗る必要などないだろうと。それで、さらに詳しく話を聞いているうちに、もともとその「ルール」というのは記者クラブが作ったルールらしいということがわかってき

**木野龍逸**（1966～）フリーランスライター。早期から環境問題やエネルギー問題に着目。福島原発事故に伴う東電の会見には出ずっぱりで、本質をついた質問を繰り返した。

郵便はがき

料金受取人払郵便

牛込支店承認

5073

差出有効期間
平成26年5月
31日まで
切手はいりません

162-8790

東京都新宿区矢来町114番地
神楽坂高橋ビル5F

株式会社ビジネス社

愛読者係 行

| | | |
|---|---|---|
| ご住所 〒<br>TEL:　（　）　FAX:　（　） | | |
| フリガナ<br>お名前 | 年齢 | 性別<br>男・女 |
| ご職業 | メールアドレスまたはFAX<br>メールまたはFAXによる新刊案内をご希望の方は、ご記入下さい。 | |
| お買い上げ日・書店名<br>年　月　日　市区町村　書店 | | |

ご購読ありがとうございました。今後の出版企画の参考に致したいと存じますので、ぜひご意見をお聞かせください。

# 書籍名

お買い求めの動機

1　書店で見て　2　新聞広告（紙名　　　　　　　　　　　）

3　書評・新刊紹介（掲載紙名　　　　　　　　　　　）

4　知人・同僚のすすめ　5　上司、先生のすすめ　6　その他

本書の装幀（カバー），デザインなどに関するご感想

1　洒落ていた　2　めだっていた　3　タイトルがよい

4　まあまあ　5　よくない　6　その他(　　　　　　　　　　　)

本書の定価についてご意見をお聞かせください

1　高い　2　安い　3　手ごろ　4　その他(　　　　　　　　　　　)

本書についてご意見をお聞かせください

どんな出版をご希望ですか（著者、テーマなど）

ました。自分たちが取材しやすいように勝手に作ったルールなのです。それこそまさに標識でしょう？　どうしてそんなルールによって優秀なライターが排除されなければならないのか……。

**森**　木野さんが排除されたのは会見を録音したからということだけですか？

**上杉**　そうです。録音してそれを流したことがルール破りだというのです。

**森**　もっと深刻な理由があったのかと思っていたら、そんなことなの。逆にびっくりしますね。

**上杉**　会見だけじゃなくて、株主総会の録音もダメになりました。どうしてそうなったかというと、東電の勝俣恒久会長が会見の場で録音に異議を唱えたらしいんです。すると、彼の意向を過剰に忖度《そんたく》した記者クラブが勝手に録音不可というルールを作ってしまったわけです。木野さん自身は記者クラブには入っていないので、ルール適用外の人のはずなのに、それを守らなければならないというのは非常におかしな話です。僕が記者クラブと何年間も同じ喧嘩を続けているのは、今回の木野さんの件などは象徴的ですけど、記者クラブがそうやって勝手なルールを作って、フリーランスや海外メディアを排除し続けているからというのが理由としてはやはり大きい。自分たちに都合のいいというか、意味のない標識を作っているんです。

**勝俣恒久**（1940～）東京電力前代表取締役会長。第10代社長。「カミソリ勝俣」の異名をとった社長在職時は、原発部門を含めた社内改革に尽力した。

**森**　それは結局、自分たちにとっても都合なんかよくないですよ。

**上杉**　まさに幻想なのです。幻想に基づくルールで外部の人間を排除し、自分たちをも縛る。日本って本当にすごい国だなと思えてきます。マーティン・ファクラーの『「本当のこと」を伝えない日本の新聞』という日本のメディア批判の本と並んで重要なものに、ビル・コヴァッチの『ジャーナリズムの原則』という本があります。そこで主張されていることの肝は、できるだけフラットな、多様性のある言論を作るために活動するのがジャーナリズムであり、メディアであるという論点です。ところが、日本の場合はむしろ言論をなるべく単一化して、かつ自分たちで判断しなくて済むようなシステムを作ってしまうわけです。その中にいることに対して何の違和感ももたないというのは、逆に怖いですね。

先ほどご指摘のあったマインドコントロールの話に戻りますけど、私ももちろんアメリカのメディアにマインドコントロールされているわけです。でも、ちょっと違うと思うのは、自分たちできちんと自己批判するところです。かつて『小泉の勝利　メディアの敗北』という本を書いたときに、自分の過去の原稿をぜんぶ叩くことをやりました。おかげさまで現代の奇書とも呼ばれました（笑）。そうやって自己否定することで、自分は絶対ではない、物事にはいろんな見方があるし、同じテーマを追いか

**ビル・コヴァッチ**（1932～）アメリカのジャーナリスト。元ニューヨーク・タイムズの記者で、ワシントン局長を務めた。一連のジャーナリズム論で著名。

けていても環境や取材によって全然違う結論になることもあるということを提示した。誤解を招く言い方かもしれませんが、自分が間違えることもひとつの楽しみというか、それもまたある意味報道なので許されるのではないかと思っています。

ところが日本のメディアの場合、自分の正しさ、無謬性というものだけを証明するための作業を延々と続けているわけです。実は7月に出版された朝日新聞の「ジャーナリズム」という雑誌で、４ページぐらいにわたって私は奥山俊宏さんという朝日の記者に叩かれています。なぜ私が批判されているかというと、朝日新聞は正しいということをいうために私をダシにしているわけです。私は別に自分で「俺は正しい」なんて一回も言ったことがないのに、それを一生懸命叩く。そんな一介の元ジャーナリストを叩くより、せっかくだから朝日新聞の自己検証をやった方がいいんじゃないですかと言ったものです。でも彼はそれを絶対にやらないわけです。そういう意味では、意味のない無謬性に陥っている日本のメディアというのは、自己判断の標識すら立てられなくて、得体のしれない誰かが作ったものに捕らわれて、その恐怖心の中で日々取材をし、生活しているのかなという気もします。そんなメディアの状況も、森さんがおっしゃったように、やはり社会全体の傾向やメンタリティとの照応の中で考えなければならないのだとは思いますが、僕にはまず絶望が先に立ってしまう。その辺、改善していくためのアイデアとか、システムとか、ないですかね？

## メディアの戦いを国民が支えた米国

**森**　ご質問の内容は、やはり民意をどうやって変えていくかということに集約されると思います。それは簡単なことではありません。再度、例に引きますけど、アメリカではペンタゴン・ペーパーズやウォーターゲート事件のとき、多くのメディアが政府と闘うという姿勢を示した。片や日本では、毎日新聞が沖縄密約における政府の背信行為を一応は記事にしたけど、結局は腰砕けになって最後には謝罪広告まで出す結果になってしまい、各メディアが毎日と共闘して政府と対峙するという状況も生まれなかった。日米のこの大きな違いは、もちろんメディアの姿勢の差異もありますけど、それ以上に国民の違いが大きいと思います。アメリカの場合は、政府と対峙するメディアの闘いを国民が支えました。

**上杉**　そうです。

**森**　日本の場合は、政府の国民への背信行為よりも西山記者の不倫問題ばかりがクローズアップされたため、毎日は支持されないまま他のメディアもすっかりトーンダウンしてしまい、密約はなかったことにされてしまった。まあ厳密に言えば、取材源の秘匿など報道する側の原則を、西山さんが守っていなかったことなども要素としては否定できないけれど、結局はポピュリズムにメディアが埋没した。アメリカだってポピュリズムは同じです。ただしポピュラー、つまりパブリック・オピニオン（民意）がかなり違う。イラク戦争の時のようなこともあるけれど、最終的に復元します。

同じようなことは戦前にもありました。当時は東京日日（現在の毎日新聞）と大阪朝日が二大全国紙で、まだ読売は関東ブロックの時代です。軍部が大陸に進出し始めた当初は、二大新聞は軍部のこの路線に対して極めて批判的でした。ところが在郷軍人会が不買運動を始めたことなどもあって、部数が落ち始めた。そこでまず徳富蘇峰を主筆的なポジションに迎えた東京日日が、「満蒙は日本の生命線」をスローガンに国策寄りの報道を始めた。すると部数が上がる。結局は満州事変を契機にして、大阪朝日もこの動きに追随します。そこに正力松太郎を社長に迎えていた読売が参戦してきて三つ巴の競争になって、気がついたら紙面は好戦一色になっていた。軍部の検閲や圧力が顕著になったのは、むしろその後です。結局は部数競争の帰結として、メディアが自ら戦争礼賛にシフトしたわけです。戦後に緒方竹虎は、満州事変の際に新聞が共闘して軍部と対峙していれば歴史が変わっていたはずだと言っています。

**徳富蘇峰**（1863～1957）明治・大正・昭和の３時代にわたって活躍したジャーナリスト、思想家、歴史家、評論家。

**正力松太郎**（1885～1969）警察官僚、実業家、政治家。読売新聞の経営者として辣腕をふるい、「大正力（だいしょうりき）」と呼ばれる。

市場原理にメディアが埋没することは世界共通の課題です。でもこの国のメディアには復元力がない。イラク戦争が始まる前には圧倒的にブッシュ政権を支持していたアメリカのメディアは、自分たちの過ちに気づけば、当然のようにギアを入れ替えます。上杉さんが言及されたニューヨーク・タイムズのイラク報道に関する検証記事もそうですね。ワシントン・ポストは大量破壊兵器があるかのような報道をした自分たちの過ちを認め、編集主幹だったレナード・ダウニーは現場から身を引きました。でもこの国のメディアは自分たちの過ちをなかなか認めない。メディアだけではない。

イラク戦争のときにアメリカを強力に支持した国は、イスラエルを別にすれば日本とイギリスとオーストラリアです。中でも日本の働きは目覚ましかった。河辺一郎が書いた『日本の外交は国民に何を隠しているのか』によれば、小泉政権は支持を表明するだけではなく、この時点の安保理理事国だったチリやアンゴラに対して、ODA援助を対価にアメリカ支持に同意するように圧力までかけている。結果的には拒絶されていますが。戦争終結後にブッシュ政権は大量破壊兵器がなかったことを認め、またその後のアメリカのメディアによって、大量破壊兵器がないことを政権は知っていたことも明らかになります。アメリカを支持した国の多くも過ちを認め、イギリスのブレア政権やオーストラリアのハワード政権は国民の支持を失い、ブレアに至って

**トニー・ブレア**（1953～）イギリスの政治家、弁護士。第73代イギリス首相。第18代労働党党首。イラク戦争に協力した。

は退陣してから三年後の２０１１年に、イラク戦争参戦に関する独立調査委員会の公聴会で証人喚問されて、自らの判断の過ちを認めています。つまり国レベルで、過ちをしっかりと検証しようとしている。

**上杉**　イギリスのメディアもそうですね。当時、イラク戦争を支持したザ・タイムズがやはり訂正・謝罪記事を打ちました。ニューヨーク・タイムズと同じ形で検証委員会を立ち上げています。

**森**　そういえばＢＢＣはイラク戦争開始直後に、大量破壊兵器の存在を強調した政府資料をめぐって、政府と大喧嘩をしています。このときは会長のグレッグ・ダイクが騒動の責任をとって辞任したけれど、イギリス国民の過半数はＢＢＣを応援していたそうです。ならば日本のメディアはどうでしょう。イラク戦争支持についての訂正や謝罪をしていますか。

**上杉**　まったくないですね。今回の国会事故調の報告書に面白かった部分があります。最初の論文で日本の独特のシステムに言及しているのです。日本の文化的背景の下に構築された独特のシステムがあるがゆえに、組織――すなわち東電であり国家――は責任を負いえないという結論を出すわけです。そこで会見の後に黒川清委員長に聞いたのです。一番大事なことは誰かが責任を取ることじゃないのですか、と。国家が責

**グレッグ・ダイク**（1947 〜）英国放送協会（BBC）元会長。英国放送界の風雲児と呼ばれる。著書に『真相――イラク戦争と BBC』がある。

任を取るなり、東電が責任を取るなり、それが見えない限り世界中から納得されませ

ンよと言いました。案の定、そうなりましたけど、すべてをシステムのせいにして、「システムが悪いからごめんなさい」というのは、日本でしか通じないロジックです。たとえば第二次大戦後のドイツでも、ナチ高官一人ひとりに責任を取らせたでしょう？

リンチといえばそれまでですけど、それをやらないと国家というのは前に進めない。国会事故調に話を戻すと、そうやって東電を免責してしまうと、極めて悪しき前例になってしまうと思います。たとえば、航空会社が事故を起こしたとします。そのとき極端な話、日本型システムのせいですといって賠償をボイコットしたりとか、そんな怖い話にも繋がっていきかねない。本来ならばメディアが責任の所在を追及すべきでしょう。なぜ、それができないのか。

話は飛ぶようですが、ここにも先に述べたメディア論とジャーナリズム論の峻別がなされていないことの弊害が現れていると思う。メディアはプライベートカンパニーですからお金儲けをしてもいいし、組織存続のためにビジネスをするのは当然です。しかし、ジャーナリズムは損得ではなく、会社が潰れる云々ではなく、ジャーナリズムのルールを守らなければならない。視聴者や読者の信頼を勝ち取るためには、ジャーナリズムの法則を上位に位置づけなければならない。両者の志向は相反します。当然、

**黒川清**（1936～）医学者（内科学・腎臓学・医療政策・科学政策）。東京大学名誉教授。2011年、国会が設けた東京電力福島原子力発電所事故調査委員会の委員長に任命された。

矛盾が起こる。その矛盾の中でなにをすべきかをジャーナリズムは考えなければならない。

たとえば東電が事故を起こした。メディアは同社から多額の広告費を受け取っていますから、それがなくなってしまうと会社が潰れてしまうかもしれない。だから、東電を批判しない。メディア論としては、それは正しいのです。しかし、ジャーナリズム論では違う。たとえ会社が潰れたとしても、これを批判しなければ終わってしまう。会社が潰れるどころか、逮捕されようが殺されようが批判すべきは批判する――これが世界中のジャーナリズムの基本です。日本だけがそれができない。東電のこともそうですし、イラク戦争のときに逃げ帰ってきた記者もそうですし、原発事故で内規を盾に30キロ50キロ圏外に逃げ出した記者もそうです。ですから、まずメディア論とジャーナリズム論をきちんとわけて、ジャーナリズムとは何かを定義しなおさなければならない。それが解決策のすべてではありませんが、一つの有効な方法ではあると思います。

**森**　メディアとジャーナリズムは峻別されるべきであるとの指摘については、まったく同意見です。僕にもこんな経験があります。テレビ時代に、夜7時のゴールデンタイムに報道番組をやろうという企てがあって、スタッフとして参加しました。民放です。集まってきたのは、テレビにおけるジャーナリズムの復権などを主張する猛者《もさ》ばかりでした。でも結果的にはその番組は、ワンクール（13回）もたずに打ち切りになりました。数字（視聴率）がお話にならないくらいに低かったからです。結局のところ視聴者は、硬派なジャーナリズムよりも他局のお笑いバラエティを選択するのです。

　テレビ時代はよく、近所の人などから「何で今のテレビはあんなにバカバカしくて低俗なんだ」などと言われたけれど、その理由は数字が来るからです。つまり社会の選択。良質なジャーナリズムを提供しようとしても、要らないよと言われればどうしようもない。このジレンマは常にあります。テレビ・ジャーナリズムに関わる人たちの多くは、今のこの状況で良いなどとは決して思っていません。みな悶えています。悩んでいます。でもテレビ局が営利企業であるかぎり、数字という呪縛からは逃れることができない。アフリカで未曽有の飢饉が起きていても、この国の多くの人は芸能人の結婚や離婚スキャンダルに興味を持つ。国家の背信行為や情報公開の意味を考えることよりも、その記事をスクープした記者の不倫スキャンダルにあっさりと関心が移ってしまう。そんな状況では闘えない。決してテレビの肩を持つわけではないけれど、その悩みは僕も共有しています。ジャーナリズムについての国民の意識は、欧米と比べればあまりに幼稚で未成熟です。だからこそメディアとジャーナリズムの論理を分けるべきなのに、この国ではその融合が急激に加速している。絶望的な気分になるばかりです。唯一の希望があるとしたら、国民がメディア・リテラシーをもう少し身につけることで、その変化がメディアにフィードバックされることですね。

## ネットジャーナリズムの可能性

**上杉**　メディアの受け手がリテラシーをもつという話ですけど、そういうことが可能な時代が近づいてきていると思います。海外ではその象徴がネットジャーナリズムです。たとえばニュースサイトのプロパブリカなどをお金を払ってでも育てようという層がいる。まだマイクロですけど。なぜかというと、そうしたニュースサイトが自分たちの国の権力監視などの役割を担うという意味で、社会をよくするための一つの装置であるという認識があるからです。筑紫哲也さんがよく言っていた「生存視聴率」を提供する人たちがいるわけです。それが可能なのは、一つにはテレビが多チャンネル化しているからです。個別の多様な価値観にピンポイントで応えるメディアがたくさんある方がいいという考え方がすでに一般化している。ところが、日本ではいまだに情報をたかだか12のチャンネルに押し込んでいるわけでしょう。マスに訴求するという考え方から、この時代になっても抜け出せない。マスに訴えるメディアというのは、アメリカの3大ネットワークが衰退したのと同様、もう衰退していくしかないわけで、そこに固執するというのはちょっと現実離れした感覚だと思います。ネットが勃興した今となっては、それは砂の中に頭を突っ込んだダチョウ状態で、メディア環境や言論空間の現実を何も見ていない気がします。アメリカの場合、投資家や資産を持つ篤志家が変化に気づいているというのも大きい。ですから、プロパブリカなどにはサンドラー財団やフォード財団をはじめ、有力財団や資産家から年間1000万ドルの寄付が集まる。それで一切広告を取らない。スポンサーに縛られない自由な報道ができる条件を担保している。そういうことが可能な時代になったのだということに、日本のメディアもそろそろ気づくべきです。

アメリカではペンタゴン・ペーパーズ事件やウォーターゲート事件が生じたときに、メディアとジャーナリズムが団結して言論を守ったわけですけど、日本の場合、西山記者の例に見るとおりまったく逆の状況が生じてしまった。そこから何が変わったのかというと、何も変わっていないわけです。その象徴がさきほどお話した東電会見からの木野龍逸さんの締め出しだと思うのです。

そこで、これも問題だなと思ったのは木野さん自身が気づいていない点があることです。実は昨日、彼に僕がMCをしているラジオ番組（TOKYO FM）に出てもらっていろいろ質問しました。「木野さんが東電会見をチェックできなくなったことにより、どんなデメリットが生じますか？」と質問した。すると木野さんは「僕が出ないことによって厳しい質問をする記者がいなくなり、質問の質が下がる」と応えた。「じゃあ木野さんは一人だけど、大手メディアの記者は200〜300人いる。彼らは愚鈍ということでいいですね」と重ねて聞くと、それは違うと言う。自分は彼らが訊けないような質問をすることで彼らをフォローしていた。そうしたフォローアップができなくなったことがデメリットだと言うわけです。

国民の知る権利という観点から言えば、それはぜんぜん違うわけです。木野さんという厳しい記者がいなくなることで、東電から真実の一端なりともを聞き出すことができなくなった、それが最大のデメリットなわけです。もしメディアがそのことを理解しているのなら、彼らは当然、木野さんを守るべきです。もしアメリカなら、「どうして木野を締め出すんだ」ということで同業のメディアが団結して抗議文を送るなり、会見をボイコットするなりするはずです。そこで木野さんに「抗議文を送ったのは自由報道協会だけでしょう？　ほかのところは抗議してくれましたか？」と訊いたら、「いや、会見では朝日新聞と東京新聞の記者が抗議の質問してくれて、紙面にしました」という。それだけじゃだめでしょうと僕は怒ったんです。こういうときこそ一致団結して権力に向かうのが筋でしょう。ウォーターゲートのときのアメリカのメディアの連帯、それがいまだに日本では実現できない。そして木野さん自身がそのことに気づいていない。これは相当根が深いなということで、昨日は相当、脱力してしまったんですけどね。

今回の対談テーマは大きくはメディア・リテラシーについてですけど、今の日本はリテラシーの段階まで至っていないというのが僕の現状認識なのです。

第六章

# 国家権力の監視こそメディアのレゾンデートル

## 個人が自己決定しない国

**森**　ウォーターゲートのときはワシントン・ポストとニューヨーク・タイムズだけじゃなくて、CBSやABCなどのテレビも含めて対ニクソン政権の布陣を張りました。重要なポイントはメディアが連帯することではなく、権力への監視装置なのだという意識をどのくらい保持できているかです。日々起きる事件、あるいは天気予報とかプロ野球やサッカーの結果とか、それらを伝えることもメディアの大切な役割かもしれないけれど、最大の使命は国家権力を監視することです。だからこそウォーターゲートのとき、VS権力という一点でメディアの共闘が実現した。ところがこの国では、国民ばかりではなくメディアにいる人たちも、権力監視という意識が薄い。緊張感を持っていない。その理由を何だと考えますか?

**上杉**　僕は自己決定を国家としてほとんどしてこなかったというのが大きいと思います。たとえば第二次世界大戦後の東京裁判でも、戦犯を裁いたのは連合国です。自国が自国民を裁いたわけではない。あるいは、ずっと時代は下りますがバブル崩壊にしても「失われた10年」などと言いつつ何も検証されていませんし、そこからなんらか

**ザイン・ベン・アリー**（1936～）チュニジア共和国の政治家、軍人。2011年アラブの春によりサウジアラビアに亡命。
**ムアンマル・アル＝カダフィ**（1942～2011）リビアの軍人、政治家。独裁体制を敷いたが、リビア内戦により反対派に殺害。

の自己決定を導いたわけではない。今回の原発事故に関しても同じ。自己検証、自己批判がまるでない。オウム事件も、それがなぜ起こったのかという根源的な問いを発したのは、それこそ森さんぐらいで、それを自己の問題に引き付けて捉えたうえで検証・批判した例はメディアには皆無です。自己を振り返り、そこから厳しい決定を導くという作業をしてこなかったことが大きいと思います。だから自己VS権力という視座なども導きようがない。

先ほども言及しましたけど、誰にも責任を取らせないこの社会の体質です。日本は「誰かの責任ではなくみんなの責任だ。だから許してね」で済んできた社会なのです、今、中東革命などもみていても、ベンアリにしろ、カダフィにしろ、ムバラクにせよ誰にせよ、みな責任を取らされて処分されている。先ほど例に挙げた戦後ドイツもそうです。そうやって自国できちんと対応していれば、国を前に進めることができる。次の時代を新しく作りますという対外的アピールもできる。海外からみると、原発事故のときに首相を務めていて、事故対応の最高責任者であったはずの菅直人さんがいまだに政治家のバッジをつけて何事もなかったかのように発言しているのをみると、やはり相当びっくりされると思う。責任を取らせるということが非常に不得意な文化がずっと続いてきて、それを直すというのは相当難しいと思います。その辺りは、む

**ホスニー・ムバラク**（1928～）エジプトの軍人、政治家。第４代大統領として長期独裁体制を敷いたが、2011年の革命によって失脚した。
**菅直人**（1946～）政治家、弁理士。民主党最高顧問。衆議院議員を10期務め、第94代内閣総理大臣などを歴任した。

しろ森さんの領分だと思いますが。

**森**　うーん。ここはちょっと微妙かな。僕は菅さんは首相を続けるべきだったと考えています。あるいは、まさしく現在のホットイシューである大津のいじめ事件。いじめたとされる3人の中学生やその両親の名前とか住所、顔写真などが、ネットで拡散しています。学校や教育委員会に対してのバッシングもすさまじい。ついに教育委員長は襲撃されました。これらの現象の要因のひとつは、政府や東電の誰も責任をとらないじゃないかとか、原発事故や放射能をめぐる情報が隠蔽されているなどとするフラストレーションが、鬱屈しながら一気に出口を見つけたのだろうと考えています。

さらにこの事件に限らず、誰かを叩きたい、晒しものにしたいとの欲求が、とても強くなってきているように思う。先ほど東京裁判の話が出ましたが、戦争責任はA級戦犯にあって国民は彼らに騙された被害者なのだとの論理構成については、僕は強い違和感を持っています。メディアと民意との関係と同様に、やはり相互作用で事態は加速したと考えるからです。でもだからといって、責任の所在を解明しないままでいいということではありません。構造の解明と責任追及が同時になされるべきだと僕は思う。でも日本社会は、社会が悪かったとかシステムに要因があったなどの抽象論でお茶を濁すか、そうでなければ徹底して個人を叩くかのどちらかです。つまり両極

**大津いじめ事件**　滋賀県大津市の中学生がいじめを苦に自殺した事件。加害少年らのプロフィールなどがネットに流出した。

端。バランスがとても悪い。オウム事件は確かに典型ですね。麻原という悪の象徴にすべての責任を回収させる一方で、社会がオウムを造形した式の論理もずっと駆動している。そのあいだ、つまりなぜ麻原がサリン散布などの指示をしたのか、何を考え何を狙ったのか、その構造や理由の解明がまったくなされていない。……僕はあの事件は、とても宗教的な事件だったと今は思っています。そこにいくつかの不幸な偶然が重なった。でもそんな解明に対して、この国の多くの人はもう興味を示さない。早く麻原を処刑せよの声ばかりです。

**上杉**　今回、黒川清さんが委員長を務めた国会事故調査委員会は、過去三つの事故調に比べて海外メディアからの評価がいちばん高い。それは黒川清という人のパーソナリティも大きかったと思う。黒川さんの感覚は良い意味で国際的なので、たぶん念頭にあったのは米議会公聴会とか、ああいう制度だったと思います。それで、1000人以上の参考人を招致して、事故のときの現場はどういう状況であったのか――つまり事故発生の構造です――を解明していって、最後に事故は「人災」であったという結論を導き出した。僕は委員会を取材していて、過去の事故調と比較しても突き抜けて素晴らしいという感想を持ったのですが、大手メディアの評価は低いのです。なぜだろうと思う。やはり森さんがおっしゃったように、誰かを悪玉として吊し上げるこ

**東京裁判**　正式には極東国際軍事裁判。1946～1948年に連合国が行った、第二次世界大戦における日本の戦争指導者などを裁いた裁判。

とを求めているのかなと思う。

**森**　たとえば、そのとき操作を誤った人の名前とかのような情報は、被害者の子ども時代の顔写真とか交友関係などと同じく、社会的に共有する価値はありません。誰かを吊し上げる必要はない。ただ、錯誤や失敗の構造の解明は、しっかりなされなければならないし、どのような立場の人がどのように操作を誤ったかについては、しっかりと検証される必要がある。さらに、責任ある立場にいる人は、顔や名前を出すべきですね。ただし、あくまでも晒すのではなく。

## ジャーナリズムは弱者につくべし

**上杉**　あとジャーナリズムの立ち位置について述べておきたいことがあります。基本的には何かの対立構造があった場合、相対的に弱者の側につくのがジャーナリズムです。海外メディアというのは、だいたいそうです。具体的に言うと、政権中枢にいる野田佳彦さんと、つい最近、野党の立場になった小沢一郎さん。両者は今、対立構造にありますが、どちらに利があるのかが明確であるとき以外は、野党の方につく。これは権力監視のルールでもあります。

**野田佳彦**（1957～）政治家。第95代内閣総理大臣。第9代民主党代表。消費増税論者であり、TPP推進論者。

そういう意味では、小沢裁判の見方なども日本のジャーナリズムは間違えていると思う。小沢一郎さんも確かに権力ですけど、検察というのはもっと強い権力でしょう。いまのメディアの報道をみていると、検察が権力であるという視点が完全に抜け落ちている。ゆえに検察側についてしまっている。検察というより強い権力が、実は弱い者いじめをしているのだという構図を彼らはまったく意識していません。前にも言いましたけど、僕は小沢一郎さんの味方でもなんでもないし、もちろん金銭をもらったこともありません。でも、3年前に大久保隆規秘書が逮捕された頃から、どちらが強いのだろうということを考え続けてきた。どうみても小沢一郎さんより官僚システムの方が圧倒的に強いわけです。本当の権力はこちらだなということは皮膚感覚でわかる。それで、相対的な弱者である小沢一郎さんにつくということを結果として選択したわけです。検察権力を敵に回したということで、テレビ業界などからはずいぶん干されましたが。まあ、ことほどさように権力・公権力に対する感覚が浅はかというか、稚拙であるという印象を、日本のメディアに対して僕は持っています。

**森**　確認しますけれど、強弱の論理だけで座標軸を設定せよということではないですよね。前提としてまずは弱者側に立つということだと理解します。そのうえで同意するけれど、たとえば今は多くの人が、刑事裁判とは検察と被告人・弁護士が対決し、

**大久保隆規**（1961〜）政治家、国会議員秘書。の公設第一秘書として政治資金規正法違反容疑で逮捕・起訴された。

裁判官がその判定をするというように解釈していますよね。これはまったく違います。検察と被告人・弁護士は、本来はVS構造ではありません。検察には立証責任があるのです。つまり起訴した理由をまずは法廷で証明しなければならない。それができないのなら、その段階で無罪です。なぜ検察にこれほどのハンデを負わせているかといえば、国家機関であり、圧倒的な強者だからです。でも近代司法におけるこの大原則が、やはり他の原則である無罪推定や罪刑法定主義と同様に、この国ではほぼ無効化されています。その要因のひとつは、事件報道に過熱するメディアが検察VS被告人・弁護士の構造を煽るからです。

……メディアが弱者の側につかないのだとしたら、その理由は、やはり民意がそれを望んでいないからなのだろうと僕は思います。民意の過半数が小沢批判に傾いていることを彼らのアンテナが感知したのであれば、メディアは小沢を批判するわけです。つまり権力批判という座標軸ではなくて、ポピュリズムが指標となっている。それは上杉さんが指摘されるように、メディアとジャーナリズムが一体化しているがゆえに起こる現象でしょう。

**上杉**　経営的な側面であるメディア論で考えれば、確かにそちらの方が正しいですね。

**森**　経済的には正しいのでしょう。もっと正確に言えば一体化ではなく、ジャーナリ

**鈴木宗男**（1948～）政治家。前衆議院議員（8期）。国務大臣北海道開発庁長官（第66代）、沖縄開発庁長官（第35代）などを歴任したが、いわゆる鈴木宗男事件で実刑を受け、議員資格を失った。

ズムの論理がメディアの論理に、摩擦なく回収されすぎています。八百屋は売れる野菜ばかりを店頭に置く。誰もこれを批判できないはずです。でも市場原理がジャーナリズムを規定しているとしたら、これほど危機的なことはないわけです。

**上杉**　実は昨日の夜、鈴木宗男さんと食事をしたけど、彼は2001年頃、すごく叩かれました。小泉純一郎・田中眞紀子が善で鈴木宗男が悪という構図がありました。疑惑の総合商社、ムネオハウスを作った張本人、二島返還先行型、とにかくやることなすこと悪とみられていた。

**森**　ムネオハウスなんてどこにもなかったんでしょう?

**上杉**　ないです。結果として騙された話ですし。まあ、その他もろもろそうですけど、悪の権化扱いでした。ただ、宗男さん自身はまったく変わっていない。別に良くもなっていないし悪くもなっていない。ただ、メディアの評価が違う。あの頃、官僚を叱責すると「恫喝している」と言われた。いまは官僚をうまく叱っていると言われる。同じことをしているのに評価が180度違うわけです。今はメディアが――選挙のときもそうですけど――「義理・人情に篤いいい人」という表情を浮かべた写真を使ってくれるのだそうです。2001年当時は、とにかく映像も含めて人相の悪く映った最悪の写真しか使われなかったという。それはやはり森さんがずっと訴えておられる

**小泉純一郎**（1942～）元政治家。第87・88・89代内閣総理大臣。内閣総理大臣の在任期間1980日は、第二次世界大戦後では佐藤栄作、吉田茂に次ぐ第3位。

メディアの善悪二元論に落とし込まれてしまった典型的な人なんだろうなと思うんです。人物そのものはまったく変わっていないのに、メディア上のキャラクターがどんどん変わっていくわけです。

## 国民が楽をしすぎている

**森**　話を聞きながら余計なことを思い出した。「A」を発表したとき、多少は新聞や雑誌の取材を受けたりしたのですけど、写真を撮るとき、カメラマンがみんなライトを下からあてるんです（笑）。なぜだろうと思っていたんですけど、刷り上がった雑誌をみたら、僕の写真がどれもホラー映画みたいな仕上がりになっていて（笑）。笑っている写真も結構、撮ったはずなんだけど、それは絶対に使ってくれなかった。オウムを素材に反社会的な映画を作ったこわもての監督というイメージを、雑誌は強調するわけです。なぜならそのほうがわかりやすい。オウムを素材に反社会的な映画を作ったこわもてで笑顔が優しくて繊細な監督では、何が何だかわからない。だから森のイメージをわかりやすく造形する。…まあ実際に人相が悪いから仕方がないけれど、でも光を下から当てることはないよね（笑）。

要するにこれらの作業は、民意が求める「わかりやすさ」に応えた演出です。僕はこれを否定しません。僕もしょっちゅうやっています。ある意味で作為です。取材したその人が、本当に「森は反社会的でこわもてな監督だ」と感じたのなら、その線に沿って記事や写真を構成することは当たり前です。でもその作為が、現場で自分が感知したことよりも、人々が求めているからとかデスクやプロデューサーが納得しやすいからとの理由で作られるのなら、やはりそれは違うわけです。それともうひとつの問題は安易な単純化。

市場がわかりやすさを求めているからこそ、曖昧でわかりにくい表現を避けようとする傾向が、近年はとても強くなっています。つまりポピュリズムの加速です。そのことを痛切に感じさせるのが、最近のテレビにおけるヴォイス・オーバーの多用です。ヴォイス・オーバーというのは、要するに吹き替えです。思い出してほしいのですが、一昔前なら海外物の報道番組やドキュメンタリーを放送するとき、ヴォイス・オーバーはまず使わなかった。母語を残した上で翻訳テロップをつけることが当たり前でした。ところが、これもオウム以降の現象だと思いますけど、今は海外取材を伝えるときなど、安易にヴォイス・オーバーにしてしまう。

ちょうど数日前、教えている明治大学の学生から質問されました。アフリカの子供たちの飢餓を伝える基金のスポットCMを彼がテレビで見たとき、涙を流しながら必死に現状を訴えるアフリカの子供の声が、日本語のヴォイス・オーバーになっていたそうです。つまり声優の声です。「あれではブチ壊しです。なんでテレビはあんなことするんですか」——そう質問されても答えようがない。テレビ出身の立場としてはとても恥ずかしい。

解説するまでもなく、これもまた、ポピュリズムの帰結です。なぜなら字幕テロップの場合は、画面から目を逸らすことができなくなる。ところがヴォイス・オーバーなら、それほど画面に集中しなくても、大筋は理解できるわけです。ご飯を食べながらでも大丈夫。

2007年、関西テレビの情報バラエティ番組「発掘！ あるある大事典」が、やらせをしたとして大きな社会問題になりました。このときは納豆のダイエット効果を特集していて、アメリカの科学者がインタビューで「納豆にはとてもダイエット効果があります」と語りました。もちろんヴォイス・オーバーです。ところが捏造が発覚したあとに検証委員会がチェックしたら、その科学者は納豆という食べ物のことすら知らなかったことが判明しました。インタビューの際にはまったく違うことを喋っていたらしい。

**関西テレビの納豆事件**　関西テレビ制作のバラエティ番組「発掘！あるある大事典」が、納豆の健康効果をめぐるデータ捏造などにより打ち切りになった事件。

**上杉**　完全な捏造ですね。

**森**　このときはいろいろな諸要因が複合してこれほどのやらせが行われたけれど、でもヴォイス・オーバーのような手法は、こうした危険性を常に内在しているわけです。だから「李下に冠を正さず」です。報道やドキュメンタリーというジャンルに、ヴォイス・オーバーを安易に使うべきではない。

…さらに言えば、その作品に本気で取り組んでいるディレクターなら、絶対に使いたくないはずなんです。どこで口ごもったのか、どこで吃《ども》ったのか、どこで声が裏返ったのか、すべて現場の重要な要素です。何よりも声は、その人特有の情報をとても雄弁に語ります。早口なのかゆっくりと喋るのか、甲高い声なのか低い声なのか、こうした要素にその人の性格や環境がとても明確に現れるんです。高倉健さんの声は、あの声だから高倉健さんなんです。明石家さんまさんの声とは違います。トミー・リー・ジョーンズの声はウィル・スミスの声とは違います。聞き慣れているからということではなく、声はその人の一部なのです。ドキュメンタリー制作者や報道関係者は、それを直感的に知っていたはずです。だからこそ字幕テロップにこだわった。でもいまのテレビの作り手には、そういう意識がないらしい。そう思わざるを得ない。顔を作り替えたら捏造ですけど、声に関しては、ほとんどの人が気にしない。なぜ、そうなるか。僕も想像がつきます。ヴォイス・オーバーを使ったほうが、視聴率が上がるのです。つまり視聴者が選択しています。そこにメディアが迎合してしまった。

**上杉** でも、それって単純に驕りですよね、作り手の。

**森** 驕りでもあるし、甘えでもあるし、実際に数字に表れてしまうから仕方のない部分もある。だから僕が思うのは、実は国民が楽をしすぎているのです。メディアに期待するものがどんどん変わってきてしまっている。

**上杉** 百歩譲って、民放がそれをやるのはわからないでもない。しかしNHKがどうしてそれをやるのかがわからない。私、元NHK内定者ですが。

**森** 世界で初めてテレビの実験放送を行ったのは、ナチス・ドイツでした。つまりプロパガンダの有用性を彼らは実によく研究し、また熟知していた。それも含めて、誕生したばかりの映像と音声メディアが、ファシズムを形成するうえでは重要な潤滑油になったことは明らかです。だからこそ第二次大戦後、映画とラジオが融合してテレビジョンが世界に普及し始める前夜に、「これは恐ろしいメディアである」という共通認識が生じました。もし、これが市場の原理に飲み込まれたら、とんでもないことになるという危機感を全世界が持ったわけです。国営放送や公共放送がほとんどの国が持つ理由のひとつは、これほどに影響力の大きなメディアを野放しにしてはならないとの認識があったからだと思います。
　もちろんＮＨＫは公共放送です。本来は市場原理からは解放されているはずです。でも飲みこまれつつある理由のひとつは、関連会社や子会社をたくさん作ってしまったことです。本体とは異なり、これらの会社は営利を求めます。ということは、ＮＨＫ本体で話題になる番組を作れば作るだけ、これらを二次使用三次使用する会社の収益が上がるわけです。これらの会社の多くはＮＨＫを退職した人たちにとっては天下り先でもあるわけです。こうして構造が下から変わる。あくまでもこれはひとつの要因だけど。

**上杉**　僕はシマゲジ（島桂次）さんのときの試験組なんですけど、その頃はまだＮＨＫにも健全性があって、うちはビジネスはやらないんだということをはっきり言っていたんです。ＮＨＫが金儲けをするということは、口にさえ出してはいけないことだという雰囲気がありました。

**森**　つまり市場の論理にまだ回収されていなかった。

**上杉**　ところが今、ＮＨＫの人たちと会ったりしていると、そういうところがまったく消えてしまっているわけです。まあ僕は2年1か月で辞めてしまって、以降15年ぐらいＮＨＫとは関わりがなかったんですが、僕だけ何だか浦島太郎みたいです。それ

**島桂次**（1927～1996）第15代NHK会長。「シマゲジ」のニックネームで知られ、その後NHKエンタープライズなどの関連団体を活用して同局の商業化路線を進めた。

で、15年が経過して、例のバウネット（従軍慰安婦の番組）の問題の取材や海老沢勝二会長への取材なんかで再度訪れるようになったのですけど、再訪してみて感じたのは、「あ、雰囲気が変わったな」ということでした。

ＮＨＫを受けているとき、最初に教わったのが「日本放送協会は英国のＢＢＣを模しています」ということでした。ＢＢＣと同じく、公共放送のシステムを採用しています、と。これは森さんがおっしゃる通りで、市場原理に左右されない放送局を作るという意味でＮＨＫ＝Nippon Hoso Kyokai の3文字が生まれましたと内定研修時に教わった。そのＮＨＫの3文字を守ろうという矜持を誰もが持っていて、それを下の世代に伝えていくという文化があったのです。でも今はそういうことを言う人がいなくなってしまって、現実離れしていてはやっていけない、理想だけじゃないんだという雰囲気なのです。これでは民放の方がまだましなんじゃないかと思いました。

ＮＨＫが先行例としていたＢＢＣは報道部門を除いて民営化しました。同じように、ＮＨＫも報道以外は民営化した方がすっきりしていいのではないか。ここでもメディア論とジャーナリズム論の問題になりますが、昔はジャーナリズム論で通用したのに、今はメディア論の方が強くなってしまって、僕には若干ＮＨＫは終わったなという感があるのですが。

**海老沢勝二**（1934～）第17代NHK会長。人事権を武器に同局内で独裁的な立場にあったことが表ざたになり、週刊誌などで「エビジョンイル」と揶揄された。

**森**　確かにスポンサー企業はないけれど、予算は政府に握られている。また民放に比べれば、受信料をとられているという意識があるから、視聴者からの反応がよりダイレクトで厳しいのかもしれません。でもそうはいっても、ＮＨＫにはまだまだ良質な番組はあるし、優秀な作り手はたくさんいます。重要な放送局だと僕は思っています。だからＮＨＫが一連の不祥事を起こしたとき、民営化せよとか潰してしまえなどという声が盛んに上がりましたが、それはこの国にとって自殺行為だと僕は思っています。

**上杉**　あの民営化議論のとき、当時の海老沢勝二会長にインタビューして、文芸春秋に「エビジョンイル」という揶揄的な表現を使った記事を書いたのです。２００２年のことです。あれ以降もいろいろと不祥事は出てきましたけど、僕も一貫してＮＨＫを潰すという議論に対しては猛反対してきました。相対的な意味でですが、ここがなくなると日本の報道は終わりだなと思いましたし、それでＢＢＣ方式がいいのではないかと思ったわけです。

でもＮＨＫとＢＢＣが決定的に違うのは、記者が幹部になるというシステムです。とくに政治部出身者がＮＨＫ経営中枢を独占していることは問題です。政治部記者が何人いるかというと50数人で、全職員1万３０００人のうちの０・６％にすぎない。その０・６％で経営の８割を占めてしまうというのは、いくらなんでもおかしいのではないか。そういう意味では、政治システムのしがらみからの脱却こそがＮＨＫの大きな課題だと思います。

**森**　ＥＴＶのシリーズ「戦争をどう裁くか」で番組改変があったとして朝日とＮＨＫがやりあっているとき、ＮＨＫの現場の人たち20人くらいと飲む機会があったのですが、彼らのほとんどは「朝日に頑張ってほしい」と言っていました。そんな意識だからダメだよ自分で変えろと言いたくなるけれど、でも言い換えれば、それほどに現場の思いは切実です。でも実際にあの騒動以降、ＮＨＫの現場は少しだけ元気になったと感じています。

## なぜ、誰も声を上げないのか

**上杉**　僕も労組のシンポジウムに行きましたけど、元同僚や先輩たちに同じようなことを言われました。「頑張ってください、ＮＨＫに対してもっと厳しくやってください」と。正直、ふざけるなと思いましたよ（笑）。どうしてあなたたちじゃなくて俺がやらなくちゃいけないんだと理不尽な思いでした。そしてそのあとに記者クラブに行くでしょう。やっぱり同じことを言われるわけです。「頑張ってください、記者クラブ改革を応援しています」(笑)。本当にふざけるなですよ。

そういった人たちに考えてみてほしいのは、記者クラブを解体して僕に何の得があるのかということです。何もないのです。誰もが横並びで躊躇しているからこそ、僕のスクープが目立つわけです。ビジネスとしてだけ考えるなら、僕としては記者クラブがあったほうがずっと有利です。だけど、このままではやはり日本のジャーナリズムや言論空間がダメなままだと思うから、ある意味、記者クラブ記者たちの代わりにいろいろ動いているわけです。記者クラブ記者のみなさんがシステムから解放され、真にジャーナリスティックな仕事ができるようになるために、僕らフリーは頑張っているのです。

でも「頑張ってください」じゃなくてお前がやれと内心、憤慨しています。一人ぐらい内部から声を出せとずっと言っているんですけど、そう言うとみんな「首になる」とか「そんなことしたら飛ばされるとか」――いいじゃないですか、殺されるわけじゃあるまいし。だいたい、タイムズでもどこでも海外メディアでは飛ばされるとか首になるとか、そんなことを心配する記者は一人もいません。それどころか、逮捕されたり殺されたりしているんだから――まあ、こういう発言をすると過激派とか言われてしまう。だけど、本当に大メディアの中にいる人たちにも頑張ってほしい。

たとえばＮＨＫの堀潤キャスターが原発問題などを積極的に取材してツイッターで発信しています。彼から相談を受けたのですが、僕は絶対に会社をやめるなとアドバイスしました。大変だろうけど、そういう情報発信が可能な時代になったのだから、とにかく頑張れと。だって本当にＮＨＫを変えられるのは、ＮＨＫの中にいる彼らだけです。ＮＨＫの記者にも朝日の記者にも「変えなくちゃいけない」と言う人は多い。でも堀さんのように変えるための行動を実際に起こす人は残念ながらほとんどいない。それこそ他力本願で「頑張ってください」というのは、本当にずるいと思います。

**森**　組織の中にいるとそういう恐怖感というのがどうしてもね……悩んでいる記者やディレクターはＮＨＫだけじゃなくて、他の局や社にもたくさんいます。僕にできることで彼らの力になれるのなら、できるだけのことはやろうと思っています。だけど、最終的には彼ら自身が変わってくれないことにはどうしようもない。

**上杉**　こちらに全部押し付けられても困りますよね。彼らが政治家に対して「やりたいことがあったら政党を飛び出してでもやれ」とか言うでしょう？　よく言うなと苦々しい気持ちになります。まず、自分でそれをしなさいと思います。それでいて彼らは責任転嫁だけは上手い。さきほど木野龍逸さんが話題に上りましたが、あれなんか政治の問題でも東電の問題でもなくて記者クラブ自体の問題です。国民の知る権利

**堀潤**（1977～）NHKアナウンサー。原発問題などを精力的に取材し、その成果をTwitterでシェアしていたが、2012年3月、NHKによりTwitterアカウントを閉鎖された。

に繋がる問題ですから、そこは一致団結して排除を撤回させないといけない。少なくとも木野さんのアクセス権を認めて、そこから競争です。権利を平等に与えたうえでならフリーランスをぶっ潰してもいいのです。それを誰もやらないというのは、本当にレベルが低すぎるし、アンフェアです。メディアではなくジャーナリズムのレベルが低すぎて議論にならないというのが今の心境です。

第七章

# 上杉隆＝メディア論

## ツイッターでタブーを可視化させる

**森**　僕自身はツイッターもフェイスブックもやらないし、ネットは1日に合計でも1時間ぐらい見るだけ。あとはせいぜいメールをやるぐらいで、ネットのヘビーユーザーではまったくありません。ただ今回、対談のお話をいただいて、上杉さんの評判をネットで検索してみたのだけど、まあ敵が多いよね（笑）。いろいろな人から叩かれている。僕も「A」を発表したときから、ずっと叩かれ続けの人生です。オウムだけではなく死刑存廃問題とか拉致問題とか領土問題とか、発言するたびに多くの人から批判され罵倒されているような気がする。一昨年に『A3』が講談社ノンフィクション賞を受賞したとき、「事実無根のエピソードを羅列した捏造本で麻原無罪を主張している」などと批判する人や組織から抗議書が、出版社に送られてきました。まあこれについては、本当に麻原無罪などを主張しているかどうか、読んだ人が判断してくれればいいと考えていますが、いずれにせよこれも含めて、批判や抗議に対してはさすがに耐性を持っているつもりです。だから上杉批判にしても、ネットに書かれていることが100％妥当だとは、当然ながらぜんぜん思っていない。ただ僕にも1％ぐらいはミスや思い込みがあって、それが彼らにとっては揚げ足となって拡大されたり曲解されたりして叩かれたことは何度もあるから、その1％は上杉さんにもあると思うし、物事を多少、誇張して言っている部分もあるのかもしれない。

『A3』を書きながらずっと、なぜ麻原彰晃はサリン散布の指示を下したのかを考え続けました。多くの人は俗物詐欺師などと彼を形容したけれど、詐欺師ならなぜ何の得にもならないこんな行為を計画したのか。得にならないどころか教団と自分にとって、現世的な意味では不利益しかありません。この時期の彼は世間的にも有名人で多くの文化人と対談をしたり、教団内でも絶大な権力を持っていました。サリンを撒いて多くの人を殺傷しなければいけない理由や動機がないんです。

麻原法廷は一審だけで死刑が確定しました。だから未だに動機すらわからない。多くの人は麻原憎さのあまり、この謎を考えようとしない。だから現在は確定死刑囚となった多くの側近信者たちとも何度も面会を重ね、麻原を知る多くの人に会いました。

結論から書けば、麻原の視力がほとんど失われていたことがポイントです。新聞や雑誌を読めずテレビも観られないからこそ、側近信者たちのメディア化が促進されました。その結果として側近たちは、麻原が強く反応する情報ばかりをあげるようになってきた。つまり教団にとって危機的な情報です。米軍が攻めてくるとか自衛隊が結集したとかフリーメイソンが日本を狙っているとか。この市場原理に側近たちの競争原理も重なる。こうして際限なく肥大した麻原の危機意識に、死と生とを転換する宗教の大義がリンクする。……大きくはこうしたメカニズムで、サリン事件は起きたと僕は考えています。麻原と側近信者たちとの関係は、まさしくオウムによって危機意識を刺激されたこの社会とメディアの関係そのままです。

長々と話した理由はもうおわかりだと思うけれど、上杉さん自身もメディア化していると思ったからです。これまで僕たちはマスメディアの欠陥を語り続けてきたけれど、その最大の要因である市場原理やポピュリズムは、実はこの社会にあまねく存在しています。つまり上杉隆という存在自体が、いまや巨大なメディアになっている。具体的に言えば、この過激なフレーズを使ったほうが読者は喜ぶのではないかとか、あるいは無意識に誇張してしまったりとか、そんな傾向が強くなってきてはいないでしょうか。

今回の対談を通して、上杉さんの指摘することはほぼすべて、とても筋が通っていると思います。記者クラブはないほうがいいし、福島原発事故の責任の所在は明らかにしたほうがいい。この国のマスメディアの劣化も明らかです。ただそうした正論を述べながらも、読者や視聴者の期待に応えなければと、時おり無理はしていませんか。

だからこそ、これだけ叩かれてしまうのではないかな。たぶんそのジレンマについては、ご自身でお感じになっていると思います。組織ではなく個人で闘うためには、必然的にゲリラ戦を展開するしかないわけだし、味方や同調者は一人でも多いほうがいい。こうして自身のメディア化とポピュリズムが始まる。そのジレンマに陥ることもあるのではないかと、勝手に推測しているのだけど。

**上杉**　鋭い質問ですね。ちょっと怖いな。いや、自分がメディア化しているというのは、ある意味、認識しているのです。これまで誰にも言ったことはないけど。実はそれを自ら求めたというところもあります。自身をメディア化することによって発信力と訴求力を高めるしかない、そう思い定めるに至った経緯というのがありました。その経緯を、ここではじめてお話してみようと思います。

再三強調しているように、僕の一貫したテーマは日本の記者クラブ制度の改革です。ここを健全化すれば、日本の言論空間がフェアになって、民主主義の基本である言論の多様性が担保できる。実はニューヨーク・タイムズに在籍していた頃から、それを考え始めていました。そこでタイムズにいた頃は外圧を使うということを考えていました。でも「外圧」作戦はうまくいかなかった。

そこでタイムズを辞めてフリーになったときに考えたのが、自ら記者クラブ制度の中に入って改革していこうということです。「トロイの木馬」作戦と自分では言っていました。記者クラブの中で、この制度の問題点を訴える。それがテレビ番組のコメンテーターとしてレギュラーなどを取っていった段階です。でも、なかなかうまくいかない。『ジャーナリズム崩壊』を書いたり、講演で訴えたりしたが、どうにもならない。結局、トロイの木馬作戦もダメだということになった。

そこで、まあ最良ではないですけど次善の策として、政治権力を使おうと考えました。2007年ぐらいから政権交代の可能性が出てきて、民主党政権誕生への期待感を持てるようになってきた。野党である民主党が政権を取ったとき、はじめて記者クラブ開放を実現できると考えたのです。それで党の代表——岡田克也さん、小沢一郎さん、鳩山由紀夫さんといった方々——にアプローチして、政権交代したら制度を変えてくれと訴えたわけです。そのときは自分でも意識して政治的にふるまい、彼らに記者会見で会見の自由化を公約していただきました。そして鳩山政権が誕生して、ああこれでやっと自分の仕事が終わった、あとはゴルフをやって一生楽しんで暮らそうと思っていたら、どんでん返しをくらったわけです。

政権交代の日にまた記者会見がクローズドになったのです。愕然としましたよ。その前夜、神保哲生さんと嘆いたものです。でもあきらめずに、今度は自分で自由報道協会をつくって「こういうのが健全な言論ですよ、みなさん気づいてください」というのをやりだした。それでもなかなかうまくいかない。

そんなとき、自由報道協会を作った頃と時期的には一致しているのですが、ツイッターやSNSといったネット・ツールが出てきたんです。そうだ、これを使おうと考えました。それまで民主党政権の中では「上杉＝記者クラブ」という公式が浸透するほど馬鹿の一つ覚えのように訴えてきた記者クラブ開放という主張を、ツイッターというツールと組み合わせて発信してみようと試したのです。それでつぶやきだしてみたら、意外と反応があった。これはいけるかもと感じました。同時に、これはフォロアーというものが増えていくツールなのだということも意識しだしました。

もしフォロアーが10万人になったら、これは立派なメディアではないか。このアイデアは最初、水道橋博士から得たものなんですけど、ツイッターを使って自分をメディア化するという作戦がそこからはじまったんです。まず、フォロアーを最低10万人にして、自分をメディア化した上で、とにかく多くの人に記者クラブ制度というものを知ってもらう。賛成・反対以前に知ってもらわないことには話になりません。

タブーというのは見えるからこそタブーなのであって、記者クラブというのは不可視のタブーでしたから、まずこれを可視化させる。そこから、現在に至る動きがスター

**水道橋博士**（1962〜）タレント、お笑い芸人。漫才コンビ「浅草キッド」のひとり。コラムやエッセイを執筆する文筆家としても知られる。

トしたわけです。

## 自らの発言で社会が動く実感

**森**　いま上杉さんのフォロアーは、どのぐらいいるのですか？

**上杉**　27万人です。

**森**　それはやっぱりメディアです。

**上杉**　10万人を超えた時点で状況が大きく変わりました。ツイッターをはじめた当初、ホリエモン（堀江貴文氏）に言われたのです。「フォロアー数がある程度以上になると自分の発言によって社会が動くのがわかる」と。当時、彼はすでにフォロアーが40～50万人いたのかな。僕はまだ3～4万人だったので、その実感はありませんでしたが、10万人を超えたときに「ああ、なるほど」と思いました。ひとつのつぶやきによって、ネットの世論などがざっと動くのが実感できた。それでますます、これは使えるなと思ったわけです。

その頃から、つぶやきの内容なども意識的に変えていきました。というのは、単純につぶやいているよりも、ユーモアとかギャクとかエスプリとかを入れると圧倒的に

**堀江貴文**（1972～）実業家。株式会社ライブドア元代表取締役社長。愛称はホリエモン。ライブドア事件で実刑判決を受け、現在、服役中。

反応が良い。「セシウムはおいしいですね」みたいなブラック・ユーモアを入れていくと、フォロアーがぐっと増える。厳しいときこそ笑いを求めるという心理が働くのかもしれません。だから最近は、イベントや講演などでもわざと冗談をいったり、動燃の「プルトニウムのプルト君」の動画を使って「放射能は飛びません」みたいなシニカルなギャクを演じたりしています。だけどそれにもＴＰＯがあって、たとえば「朝まで生テレビ！」で田原総一朗さんに向かって冗談を言うでしょう？　にやにやしながら。そうするとその「にやにや」がツイッターでは文字化されてまともに伝わりますから、反感を買って炎上したりします。でもまあ、自分の役割でいえば炎上もありかな、と観念しています。

こういう自分の本当のモチベーションを公にするのははじめてですけど、たとえば今のメディア空間の中でいい位置を占めようと思うなら、記者クラブ批判などせずに大人しくテレビのコメンテーターなんかをやっているほうがずっといいのです。金銭的なビジネスにはそのほうがはるかに割に合う。それでもあえて今のようなやり方をするからには、僕にもそれなりの覚悟があるわけで、潰され役として象徴的な役割を果たせればそれでいいと思っています。キャラクターとして使っていただければ、僕としては満足なのです。

**田原総一朗**（1934～）ジャーナリスト、評論家、ニュースキャスター。東京12チャンネル（現・テレビ東京）の元ディレクター。テレビ朝日「朝まで生テレビ！」の司会で知られる。

とにかく日本の言論空間を健全化したい。その後のことは後続の人たちにやってもらえばいいと思っています。

**森**　補足しますが自己のメディア化は、上杉さんや僕のようなポジションにいる者にとって、ある意味では必然であり、常に付きまとうジレンマです。いわゆるテレビのコメンテーターとか、講演慣れした評論家とか、他にもたくさんいます。そのレベルと一緒にするつもりはないですよ。大切なことは志を曲げないことです。いずれにせよ、今回の対談で僕たちが批判してきたメディアへの道を、いつのまにか自身が歩んでいるとしたら、まさしくニーチェの「怪物と闘うものは自身が怪物と化さないように心せよ」というフレーズそのままですね。でもそのことに自覚的であるならば、記者クラブ開放に向けた運動と捉えることができます。ならば次に上杉さんが陥るジレンマがあるとすれば、社会運動家（アクティビスト）としての自分とジャーナリストとしての自分とのあいだに発生する乖離になるはずです。

## ジャーナリスト休業の真意

**上杉**　そのジレンマは確かに感じています。僕がジャーナリストを休業したのは、先

**フリードリヒ・ニーチェ**（1844～1900）ドイツの哲学者、古典文献学者。現代思想の源流とされ、以降の哲学者たちに多大な影響を与える。代表作に「ツァラトゥスタラかく語りき」などがある。

ほども言ったように抗議の意味もありますけど、それ以上に、まずやりにくくなってしまったということがあります。自分をアクティビストと規定していいかどうかはわかりませんけど、今の活動は過去12年間の自分への裏切りでもあるわけで、これがどうなっていくのか、自分自身に対する好奇心みたいなものもあります。もっとも、慌てて補足しておきますけど（笑）、ジャーナリストではなくなったからといって、いい加減な記事を書くつもりはありません。海外では普通にジャーナリストとして活動していますし。ただ日本ではあえて価値紊乱《びんらん》的に――革命とまではいいませんけど――活動したい。なんだかんだいって記者クラブというのは巨大だし、これまでの日本の言論空間を支えてきたのは事実です。ナベツネ（渡邉恒雄）さんあたりを筆頭に、諸先輩方が守り続けてきた強固なシステムではあるわけです。これを崩すために突っ込んで行って、自分一人だけが助かろうなんて、まず無理だと思っています。

これは政治家の秘書をやっているときに学んだことですけど、選挙というのは自分が当選するのは難しい。だけど、対立候補を落とすのは比較的容易なのです。つまり、押し上げるより引きずりおろしたほうが楽だということです。いまの僕の方法論というのは、完全にそのセオリーに則ったもので、システムもろとも地獄に落ちてやろうという自爆テロのようなものです。一人ひとり踏み潰していくよりも、全員まとめて

**渡邉恒雄**（1926～）新聞記者、実業家。読売新聞グループ本社代表取締役会長・主筆。「ナベツネ」の愛称で知られ、メディア界のドンと言われる。

抱きかかえて谷に落ちたほうが早い。そういう考えでやっているので、自分だけ助かろうとか、あるいはメディアの中でうまく泳いで儲けようとか、そういうことはまったく考えていません。よく勘違いする人がいるのです。上杉は自由報道協会を私物化して金儲けしているとか。だけど本当に金儲けしようと思ったら、記者クラブの中に安住してテレビとかラジオとかに出ているほうがずっと効率がいい。

ひとつだけはっきり言っておきたいのは、自由報道協会にせよ、いま作っているメディアにせよ完全な赤字で、これまでジャーナリズムで得た私財を投入して運営しているんです。すでに数千万円をつぎ込んでいます。これもタイムズで教わったことですけど、「ジャーナリズムで得たものはジャーナリズムに返せ」ということです。まあ、生きていくために些少のお金は残しますけど、基本的には私財をぜんぶここで使い果たしてしまおうと思っています。

そういう覚悟でいると、向こうは怖いんですよ。「次は何をやってくるんだろう」と戦々恐々なんじゃないですか。やはり自爆でくると怖いですよ。私自身、論争していて思いますけど、自分を守ろうとする人って怖くないんです。「ああ、ここを守りたいんだな」ってわかるから、そこを突っ込めばいいわけです。まあ、かわいそうだから突っ込みませんけど。だけど、守るべきものがない人間は本当にどうにもならない。だから、今は若干、愉快犯的に、先方の反応を楽しみながら戦っています。批判されればされるほど楽しんでしまう性格なもんで。

少し戦略的なことをお話しますと、ツイッターにはリツイートという機能があります。これを始めた頃、わざと自分に対する批判ばかりをリツイートしていたんです。僕をぼろくそに批判しているツイートとかを見つけては、それを公式RTで上げたわけです。そうすると、その批判の中身についての論争が起こる。論争が起こるところには人が集まってきますから、僕のツイッターがハブみたいな機能をもって、ますますフォロアーが増えてくる。それを実践していたら、フォロアー数で僕のツイッターの師匠である水道橋博士なども抜きましたし、もう十分かなという気はしています。自分をメディア化するという所期の目的は、ツイッターというツール――ツイッターはしょせんツールですから――を使ってもう十分達成されたかな、と思います。だけど、そういう僕のコンセプトをずばりと指摘されたのは、森さんがはじめてです。

**森**　しつこいようだけど、もう少し訊きたい。アクティビストとして戦略的に自己をメディア化してきたということはよくわかりました。それはわかりますけど、メディア化するということは、ある意味で情報の受け手にメディア・リテラシーを与えないことでもある。フォロアーたちに上杉さんの戦略を見抜かれてしまうと、メディアとしての機能を果たせなくなるわけです。ときに煽ったり、サービスしたり、期せずして言葉が暴走してしまう瞬間もあると思う。でも、それらもぜんぶ含めての戦略であるならば、フォロアーたちにはリテラシーを与えてはいけないわけです。その上杉隆が今回、メディア・リテラシーについて僕と対談する――この倒錯した状況はなんだ(笑)。

**上杉**　非常に難しい質問ですね。自身がメディア化するためにはフォロアーにリテラシーを与えてはいけない――そういうお話でしたけど、実際はいま森さんにお話しているように自分で種明かしをしてしまっている部分があるのです。こういう風にまとまった形でではなく、断片的にですけど。そこで、フォロアーの中には僕が種明かしした断片をつないで、「ああ上杉、こいつ、こういうことを考えているんだ」と理解してくれる人がいる。そういう人が結構増えた。逆にいうと、それを理解してくれる人というのはリテラシーが高い。彼らは、じゃあ健全な言論空間を作るために上杉を応援してやろうかと考えてくれる。一方、これだけ言ってもまだわからない人というのは、少々語弊があるかもしれませんけどリテラシーが低いな、と思わざるを得ない。私自身、その辺は判断しながら戦略を進めています。

ここまでの戦略というのは、ある程度は自分の目論見通りに進めてこられたわけです。ここから先が少し難しい。ひとつはツイッターの限界ということがあります。これは基本、「つぶやき」を集めるためのメディアであって、つまりインプットメディアです。アウトプットに関しては他のＳＮＳでやるしかないなと思っていました。ところが日本の場合、ＳＮＳの使われ方が非常に微妙で、適切なアウトプットができにくい状況になっている。しかもツイッターをそのまま議論の場に使おうとする人が増えているのです。普通に考えて、１４０字で議論なんてできませんよ。しかも僕が言ってもいないことに関して論を立てる人がたくさん出てきて、彼らは最後にはこちらを批判してきたりする。そういう人にはおちゃらけで返したりしてきたけど、なんだかそれも面倒くさくなってしまった。だから、ツイッターというツールを使っての戦略はもう終わったかな。

次の段階として考えているのが、場となるメディアを作ることです。これは以前、僕が言っていたことと矛盾する部分もあります。というのは、僕はメディアは作らないと公言していましたから。メディアを作るということは、記者クラブを潰して更地にした領地に、今度は自分で記者クラブ的な言論空間を作ることだと誤解されがちなのだけど、あえて自分の約束を反故《ほご》にしてノーボーダーというミドルメディアを立ち上げました。その意図はマスとマイクロに完全に二分した言論空間を融合させること

**SNS**　Social networking service の略称。社会的ネットワークをインターネット上に構築するサービスのこと。代表的なものに Facebook などがある。

です。海外ではすでに進んでいる動きなのに日本の場合、これも記者クラブという障壁があるために、両者が分離してしまっている。融合過程でいうと、アメリカの場合はマスの方から近づいてくるのです。もう7～8年前からの傾向で、近づいてきて吸収しようとしているのか、それとも手を差し伸べようとしているのか、その辺は微妙ですけど。日本では、マスがマイクロを逆に脅威に感じてしまっている。自由報道協会などは、まさにその象徴かもしれません。怖いものはまず叩く、攻撃する、これがずっと続いていて、これではダメだなと思ったのです。

ではどうしてミドルメディアを作ったかというと、これをマスとマイクロを橋渡しする場所にしようと考えたからです。ニュースログというメディアが象徴的ですが、ここには大手メディアに在籍していた人間か、海外メディアに在籍していた人間以外、入れていないんです。マスにいた側の人間をどんどん吸収していくことで、マスとマイクロをブリッジする。そういうプログラムをいくつも作って、一つでも当たれば橋渡しの役割を果たせます。それで両者を融合させてしまえれば勝ちかな、と思案しているところです。

本当は、その役割をニコニコ動画のドワンゴに果たしてほしいと願っていました。現会長の川上量生《のぶお》さんには、何度かそのことをお伝えしました。実際、ドワンゴには

**ドワンゴ**　IT関連企業。動画配信サービス「ニコニコ動画」などのコンテンツで知られる1997年設立で、2004年に東証一部に上場した。
**川上量生**（1968～）実業家。株式会社ドワンゴ代表取締役会長、株式会社スタジオジブリ所属。サラリーマン生活を経てドワンゴを設立。

ＮＨＫとかフジテレビとか電通とかに在籍していた人がどんどん入ってきていて、僕、「あ、これは橋渡しの役割を果たすのかな」と思ったほどです。川上さんには僕が抱いているのと同じ意図が明確にあると信じています。

でも社員の考え方が違う。せっかくマスから移ってきたのに、ドワンゴに入ったことで安心して、とたんに保守化してしまう。せっかくマスを飛び出したのに、ドワンゴに入れたという喜びなのか、マイクロを排除し出すのです。そうなるとドワンゴの良さがなくなってしまうという話を川上さんにしたら、彼は「そうなんだ」と同意していました。「全員、首にしようかと思っている」というような過激なこともおっしゃっていましたけど、まあ、すでに６００～７００人の社員を抱える企業ですから、マス化してしまうのも致し方ないところかもしれません。

**森**　僕はさっきも言ったようにネットジャーナリズムに詳しくないので、その辺に関しては発言する資格がないから言及しないけど、まとめてしまうと、上杉さんがご自身を巨大メディア化し、組織化しようとするときに陥りかねない陥穽があること、余計なお世話を承知で僕はそこに一抹の危惧を覚えているわけです。

**上杉**　巨大ですかね、僕（笑）。

**森**　そう思います。影響力はすごい。ネット社会だからこそ上杉隆が巨大なメディアへと化した。ならばこの国はさらに際どいことになる。でもジレンマという摩擦が働いていているならば、少なくとも暴走はしません。そこは安心しました。おそらくだけど、自分で自分が怖くなっている側面はあるんじゃないかな。

**上杉**　ありがとうございます。すごいですね、森さん。本当にネットをやってないんですか？

**森**　まったくやっていないわけじゃないです。でも決して多くない。だから半分以上は想像です。

**上杉**　だけど僕にしてみれば、自分の狙いまで含めて、ここまで正確に指摘されたのははじめてです。

**森**　それは叩かれている者同士ということはあるかもしれない（笑）。でも上杉さんの叩かれ方は僕の比ではないかもね。普通なら凹みます。僕も人よりは耐性はあるつもりだけど、でも何度も凹みました。ところがこうして会うと、上杉さんはいつも飄々としているでしょう？　そのタフさはちょっと不思議です。そこは僕と違う。

**上杉**　たぶん準備しているからだと思います。最初から叩かれることは想定していますから、あまり慌てることもないかという。

**森**　僕との共通点でいえば、たぶん生来的に鈍いところがあるんだと思う（笑）。よく言えば「打たれ強い」だけど、打たれているのかどうなのか、本人がよくわかっていないみたいなところもある。一緒にしちゃうと申し訳ないけれど。

**上杉**　確かにそうですね。鈍感もあるかもしれない。まあ神経質な人にはわれわれのようなやり方はまず無理でしょう（笑）。

第八章

# 未だリテラシーを語る段階にあらず

## 懸念すべき司法のポピュリズム化

**森**　「A」「A2」「A3」とオウム事件を追ってきて、日本の刑事司法が非常に危険な領域にまで到達してしまったという認識を僕は持っています。この司法の問題をメディア・ジャーナリズムの問題とからめて、最後に考えてみたいと思います。

現状の刑事司法の問題点は、それこそ取り調べの可視化問題であったり、起訴後の有罪率99・9%というありえない数字であったり、細かく言えばきりがないほどたくさんある。

しかし、いま僕がいちばん強く感じているのは——これもオウム以降の問題系に属しますけど——司法のポピュリズムです。メディアが抱えている問題と構造的には同じです。司法が民意に迎合する傾向が加速度的に大きくなっている。そしてメディアは、市場原理に従って危機を煽ります。つまり不安や恐怖を訴える。その帰結として、人々の体感治安が悪化する。ところが日本の治安は、この十数年、毎年のように良好になっています。2011年の殺人事件の認知件数は1051件で、戦後最少をまた更新しました。ほぼ毎年のように更新しています。この数値はアメリカのほぼ10分の

1で、EU諸国のほぼ3分の1です。圧倒的に安全な国です。でも多くの人はこれを知らない。メディアは積極的にこれを知らせません。さらに事件報道の比重が年ごとに高くなっている。こうして実際の治安は世界でもトップクラスで良いのに、体感治安はやはりトップクラスで悪い状況が生まれる。治安が悪いと思っている人たちは、捜査権力に期待します。悪い奴らはどんどん捕まえてくれと背中を押す。ところが実際には悪い人は増えていない。ならば捜査権力としてはどうするか。ギャップを埋めるために無理をするわけです。こうして冤罪が増え続ける。厳罰化の問題や死刑問題も同じ位相にあります。

その起点になったのはオウムです。早く死刑にせよとのポピュリズムの流れの中で、動機や理由を解明しないまま、麻原裁判を一審だけで終了させてしまった。動機がわからないのだから、安心できるはずがない。その結果として不安が広がり、監視社会化が進みました。厳罰化を求める声は刑事司法に強いバイアスを与える。弁護士が悪人を擁護するとの論理で攻撃されるようになったのもこの頃からです。裁判官は本来、自分の良心だけに従って判決を決めることになっていますが、でも民意に抗って厳罰を与えなければ、今度は自分がバッシングされるかもしれないし、出世にも影響する。東海テレビが5年ぐらい前に「裁判長のお弁当」というドキュメンタリーを制作しました。被写体は名古屋地裁の裁判官です。彼の私生活も語られます。これを観たメディア関係者の多くは、裁判官の私生活が撮られていることに驚きました。実は僕もその一人。でも撮れない理由などないのです。

**上杉**　そこでも勝手な自主規制が働いているわけですね。

**森**　無自覚な自主規制ですね。そういうルールがあるものと、いつのまにか誰もが思い込んでいました。その意味では、「放送禁止歌」と構造は同じです。その「裁判長のお弁当」にとても印象的なシーンがあります。午前中の審理を終えて判決を言い渡した裁判官が、閉廷後に脱兎のごとく自分の控室に戻る。テレビを見るためです。自分の判決がニュースでどのように報道されるのかを、彼は必死で見ています。刑事司法のポピュリズムを、とてもシンボリックに描いたシーンです。

その事例のひとつは和歌山カレー事件。林眞須美死刑囚が白か黒かは僕にはわかりません。でも一つだけ確実にいえることは、もしもオウム以前ならば、絶対に死刑判決は下されていなかっただろうということです。だって物証はない、本人も否定している、ただ状況証拠を集めただけでの事案で死刑が確定することなど、かつてではあり得ないことです。木嶋佳苗裁判も同様です。他にも事例はいくらでもあります。厳罰化は英語で Penal Populism と言います。つまり罰のポピュリズム化。今はまさし

**和歌山カレー事件**　1998 年 7 月、和歌山市の園部地区で行われた夏祭りに提供されたカレーに毒物が混入していた事件。4 人が死亡した。
**林眞須美**（1961 ～）和歌山カレー事件の犯人と目されている女性。確定死刑囚。2009 年 5 月に最高裁判決により死刑が確定した。

くその状況です。上杉さんの場合、小沢裁判をずっとウォッチされていましたよね。今、僕が言ったような問題について、どうお考えになりますか？

**上杉**　森さんが話されたことを僕は非常に納得できますが、僕自身はポピュリズムという観点から小沢裁判をみたことはありませんでした。ただ、２００９年から始まった石川知裕議員や池田光智・大久保隆規両秘書の裁判をみていて、結局、小沢さんの首を取るために、つまり彼を悪にしてしまうためにこの裁判の過程があるのだなという視点でみると合点がいきました。小沢裁判のときに海外メディアの特派員――女性ですが――と話していて、日本の有罪率に話題が及んだ。起訴されると99・9％が有罪になること――これについて日本の記者と話すと、「日本の検察は優秀だ」ということになる。あるいは、検察の横暴ということを言う人もいますが、とにかく目が検察の方にいく。ところが彼女は、「日本に裁判所はないの？」と訊いてくる。「だって有罪率99・9％なら裁判所なんていらないじゃない」と言うのです。そこで日本の司法制度はどうなっているのかと訊かれて、「いや、普通に三審制だ」と答えると、「じゃあどうして有罪率99・9％なんてことがあり得るのか」というところに話が達する。僕もそう指摘されてはじめて気づいたけど、有罪率99・9％ということは裁判所がないということとイコールなんです。

**石川知裕**（1973～）政治家、衆議院議員（２期）。新党大地・真民主に所属。2010年に政治資金規正法違反で逮捕された。
**池田光智**（1977～）政治家秘書。政治資金規正法違反で逮捕された。

**森**　裁判所が検察の追認機関になっている。

**上杉**　それまでは裁判所に対してまがりなりにも法の番人であるというイメージを持っていましたが、もしかしたら機能不全を起こしているどころか、無意味なものになってしまっているのではないかと思われる。小沢裁判をみていて、実際に裁判所は行政・検察などの主張を追認することしかしない。その背後には天下りじゃなくて天上り、つまり役人が裁判所の中に入り込んでしまっているという構図がある。これではどうやっても霞が関に有利な判決が出ます。

小沢裁判で無理があるなと思ったのは、政治資金規正法の観点から秘書はもっていかれる可能性がある。池田・大久保両秘書と石川知裕議員に関しては、場合によっては有罪判決が出てもおかしくはなかった。ただ法的にみて小沢一郎、つまり代議士までは100%いきようがない。もし小沢さんの首を取るのなら、7～8年前の政治資金改正法前のお金の流れまで遡らなければならない。でもそれは時効になっているので、いま小沢さんを取ろうと思っても絶対に無理だからということを言い続けていたのです。ところが、官僚システムとしては無謬性が原則だから小沢は許せない、マスコミも無謬主義だから小沢は許せない――そういう流れになってしまったわけです。同時に、森さんからご指摘があったように裁判所さえポピュリズムに走り、行政にも

**三審制**　裁判で判決確定までに上訴することができる裁判所が2階層あり、裁判の当事者の希望により計3回まで審理を受けることができる制度。

組み込まれていたので、実は流れは変えようがなかったのです。そのことに気づいたのは裁判も終盤に差し掛かった頃。小沢一郎さん自身もそうです。彼は途中まで裁判所を信じていました。検察は敵だけど、裁判所は公正・中立のはずだから、と思っていた節がある。でも途中から裁判所もグルだからということで戦略転換したわけです。検察と裁判所にやられた人間、鈴木宗男さんにしろ、佐藤優さんにしろ、みんなが最終的に言うのが国策捜査ということです。僕は検察が行うのはすべて国策捜査だと思っているので、そういう言葉で概括するのは違うのではないかと思いますけど、そういう言葉を使って糾弾するしかないほど、今の検察と司法システムはでたらめであるというのが、小沢裁判を追ってきた僕の感想です。

**森**　この対談では大メディアを批判する際の切り口として上杉さんは無謬性、僕はポピュリズムという言葉を一貫して使ってきたけれど、それはそのまま今の刑事司法にも当てはまるわけです。無謬性への信頼とポピュリズム、これが両輪となってどんどん劣化していっている。

**上杉**　無謬主義というのは、発展途上国などでは社会システムとして、ときには必要かもしれませんけど、成熟した民主主義国家では邪魔でしかありません。健全な民主主義国家では多様性が認められるわけですから。

**佐藤優**（1960～）文筆家、元外務官僚。2002年に鈴木宗男事件に絡む背任容疑で逮捕され512日間拘留を受ける。その逮捕劇に関連し「国策捜査」とういう言葉を流行らせた。

## 共同幻想としての統治権力

**森**　体感治安の悪化は厳罰化を促進し、監視社会化を加速させます。今、日本に設置されている監視カメラは、おそらく400万台を超えているでしょう。ならば世界一です。

**上杉**　イギリスより多いんですか？

**森**　日本では3年前に330万台を超えて、この3年間で100万台以上は増えているはずです。逆にイギリスはキャメロン政権以降は、犯罪抑止については効果がほとんどないとの理由で減っています。オウムの高橋克也が逮捕されたとき、監視カメラの映像がテレビでずいぶん紹介されました。ほぼ密着24時状態。あれを見ながら普通なら、自分もこのようにどこかに記録されているのかもしれないと思って当然だと思うのだけど、そう考えた人はあまりいないようですね。だけど無罪推定の原則から考えれば、監視カメラの映像を公開しながら容疑者を追い詰めるという手法は、とても問題です。

**上杉**　だけど日本のメディアは、その映像を大々的に流してしまうわけです。

**高橋克也**（1958～）オウム真理教の元信徒。一連のオウム真理教事件の被疑者として特別手配されていたが、2012年6月に逮捕された。

**森**　今では当たり前のようになってしまった指名手配犯のポスターや懸賞金も、本来の刑事司法の原則からすれば、とても危ういというか明らかに一線を越えています。それが当たり前のように行われていることの怖さ。本来はメディアが「これはちょっとおかしいぞ」と待ったをかけなければならないのに、逆に率先して写真や映像を流してしまっている。

**上杉**　本来であれば容疑者の有罪・無罪を決定するのは裁判所の仕事です。ところが、今は警察が容疑者を発表した途端に、ばーっと写真が出て――警察という行政機関に判決が委ねられてしまっている部分がある。警察に捜査権のみならず事実上の有罪判決の決定権すら付与されているというのは、確かに怖い。

**森**　高橋克也逮捕の報道を見ながら、ジョージ・オーウェルの『1984年』を思いだしました。スターリン支配の恐怖政治を描いたディストピア（非理想郷）小説と呼称されるこの作品は、1948年に執筆されています。時代背景を考えれば、確かに共産主義や独裁政治への風刺と思いたくなる。でも実は、その独裁者であるはずのビッグ・ブラザーは、最後まで登場しないんです。街中や家の中に配置されたテレスクリーン（監視カメラとプロパガンダの機能を併せ持つ双方向性テレビジョン）の中だけです。あとはポスター。つまりメディアの中にしか存在しない。ならばビッグ・

**デーヴィッド・キャメロン**（1966～）イギリスの政治家。第75代イギリス首相。保守党の政治家であるが、サッチャリズムとは距離を置いた政策で知られる。

ブラザーは、社会の共同幻想がつくりだした仮想の権力・仮想の統治者とみることもできる。オーウェルがどこまで意識的にこの設定にしたのかはわからないけれど、仮想の権力によって統治されている国民という構図は、まさしく今のこの国の情況と重なります。独裁政治ならある意味で楽です。独裁者を倒せばいいのだから。でも仮想の権力は倒せない。互いに互いを監視し合い、互いに互いを自縛している。高橋克也が監視カメラの映像と市民からの通報によって逮捕されたとき、日本テレビの「真相報道バンキシャ！」という番組で、コメンテーターで元検察官の河上和雄さんが、「市民警察」という言葉を使っていました。皮肉っているのかと思ったら、本気で礼賛しているようでした。

**上杉**　河上さんもそうだし、若狭勝さんもそうだけど、ヤメ検が各メディアに行って用心棒のごとく検察を礼賛するような言説を垂れ流す構造があります。本当にひどい国ですよ。小沢裁判のときもそうでしたけど、一見、対立しているようなコメントをだしながら、検察システムを守るためには彼らは一致団結します。河上さんなんか、「市民警察のお手柄です」と自分が発言すると、それが世論になると思い込んでいるように思えます。

日本の大手メディアの「自分たちが世論を作っているんだ」という驕りは、本当に

**河上和雄**（1933〜）元検察官・弁護士・法学者。元東京地検特捜部長。日本テレビ客員解説員。いわゆる「ヤメ検」コメンテーター。
**若狭勝**（1956〜）弁護士。元東京地検特捜部副部長。現在はテレビの報道番組などのコメンテーターとしても活躍している。

目に余ります。僕がそれを一番感じたのは、堀江貴文さん、ホリエモンの件です。彼自身は宮内亮治さんに騙されていましたけど、粉飾決算をした責任者であるわけですから、自分にも責任があると明言していました。経営者としての責任を取ったわけです。それで「株主には僕からお金を返します」と言って２０８億円を支払いました。その支払ったという事実をメディアはどこも伝えない。そこで堀江さんの収監が決まった日に自由報道協会で2回目の会見をやったのです。大手メディアは彼の発言など取り上げないから、会見で堀江さんはまず「ご迷惑をおかけしました」と謝るわけです。それから２０８億円を弁済したことを説明した。贈収賄とかロンダリングとか、そういうことを自分は一切していない、自分は宮内さんに騙された立場だ、ただしそれも自分の責任なのでお金を払いました、申し訳ありませんでした――そう説明した上で記者の質問を受けた。すると、これもまた「バンキシャ！」の記者ですけど「謝らないんですか」と訊くわけです。堀江さんは、いやさっき謝りましたけど、でも本当に申し訳ないと思っています、すみませんでしたともう一回謝った。その部分は「バンキシャ！」放送時では使われない。自分のところの記者が質問しているのにかかわらず。そして放送時にスタジオで粕谷賢之解説委員が、「まだ一言も謝っていない」と断罪する（笑）。「バンキシャ！」だけではないです。日本テレビ全社みごとに「堀

**宮内亮治**（1967～）株式会社ライブドアの元取締役。いわゆるライブドア事件に関連して2006年、証券取引法違反の容疑で逮捕された。

江貴文、反省せず」で統一されてしまった。

しかも、会見を主催したのが自由報道協会であることは一切出さない。「自分に都合のいいインターネット・メディアを使って急きょ会見を開き」という伝え方です。完全な嘘なわけです。あまりにひどすぎる。フェアじゃない。それでテレビのコメンテーターや解説委員たちは口々に「一言ぐらいは謝ってほしいですね」「株主はもう何も求めていない、ただ謝ってほしいだけなんです」。いや、ちゃんと謝っているし、お金も弁済されているし。それがメインストリームメディアの実体です。少し裁判から離れてしまいましたけど、そういうふうにポピュリズムで〝悪玉〟を叩くという構図は、メディアにも裁判にも共通しているのかなと思います。

## 厳罰化でなく寛容が犯罪を抑止する

**森**　先々月にノルウェーのクヌート・ストールベルゲ元法務大臣と話をする機会を得ました。ノルウェーでは去年、77人が犠牲になったテロ事件がありました。ストールベルゲはそのときの法務大臣です。ノルウェーでは現在、死刑はもちろん終身刑も廃止されています。最高刑は禁固21年です。でもさすがに今回は、死刑を求める声が高

**ノルウェー連続テロ事件**　2011年7月にノルウェーで発生した連続テロ事件。キリスト教原理主義者が単独で起こした連続テロとされており、計77人が犠牲になった。

まるかもしれないと彼も予想したそうです。でも事件が起きた翌日に、銃乱射事件で69人が亡くなったウトヤ島で彼が会った遺族たちは、死刑をまったく求めない。島にいながら殺戮を免れた10代少女の言葉である「一人の男がこれほどの憎しみを見せたのなら、私たちはどれほどに人を愛せるかを示しましょう」を引用しながらストールベルゲは、これはノルウェー国民の総意であると何度も言いました。犯行翌日の島には遺族だけではなく、加害者であるブレイビクの母親も花を携えてやってきました。息子や娘を殺された直後の母親たちと殺した男の母親である彼女は、その場で抱き合って泣いたそうです。

８月24日に、この事件の裁判の一審判決が下されました。やはり禁固21年でした。でも国内には、判決に対する不安の声などはほとんどないそうです。もちろん大前提として、被害者や遺族に対する社会補償やサポートのシステムは充実しています。被害者遺族や加害者家族を支えるＮＰＯもたくさんあります。日本の場合は被害者遺族を支えるＮＰＯはあっても、加害者家族を支えようとの意識は薄いですね。こうした話を聞いて思うのは、司法を支えるのはやはり国民の意識だということです。

**上杉**　犯人に厳罰を求める声はまったく挙がらないんですか？

**森**　まったく挙がらないわけではないようです。法廷で被害者遺族の一人が被告に靴を投げたことがあって、それはノルウェー国内で大きなニュースになりました。逆に言えばそれくらい。遺族も含めて社会全体が、決して厳罰を求めない。3年前にノルウェーに取材に行ったとき、法務省の役人にインタビューしました。彼は僕にこう言いました。犯罪が起きる要因は、大きく分けて三つある。ひとつは幼少時代の愛情の不足。二つ目は生育児の教育の不足。そして三つ目は現在の貧困。であるならば、国家は犯罪者に対して、足りないものを補完することを考えるべきである。苦しみを与えることは必要ない。このときも驚きました。罪と罰の概念がこの国とはまったく違う。僕もそれまで、人に苦痛を与えたのだから、罰として苦痛を受けることは当然だと思っていました。そこは疑わなかった。でも、彼らはそうではない。

**上杉**　そうした思想が育まれる土壌ってなんでしょうね。適度な人口構成ということもあるのでしょうか。

**森**　ノルウェーは人口500万人弱で、国土面積は日本とほぼ同じです。石油が出るし、相当に豊かな国ではあるから、社会保障は行き届いている。そうした違いはありますね。でもノルウェーも70年代までは厳罰化の国で、治安もとても悪かったのです。ところが80年代に入ってから刑事政策を寛容化に転換したところ、治安がどんどんよくなった。現在の事件発生率は70年代当時の3分の1ぐらいだとストールベルゲは言っていました。今は世界でも最も安全な国だといわれている。だからこそ寛容な政策が実現できる——そう思ってしまいがちですけど、犯罪統計を調べてみると、実は治安は日本のほうがいいのです。ところが日本の国民の体感治安の悪さは世界でもトップレベル。あまりに好対照すぎますね。

**上杉**　その要因はなんだろう。やはりメディアかなあ。

**森**　民意はメディアによって形成されるとの前提を置くのなら、やはりメディアの責任はとても大きい。不安や恐怖を煽ったほうが、読者や視聴者を引き付けられる。つまりこれもまた市場原理です。

**上杉**　警察ジャーナリストの黒木昭雄さんが生前よくおっしゃっていたけど、凶悪犯罪の発生率は終戦直後のほうが圧倒的に多かったようです。

**森**　最も治安が悪かった１９５４年の３０８１件に比べれば、人口比で殺人事件の割合はほぼ４分の１に減少しています。

## 橋下徹の〝わかりやすさ〟を民意は求めている？

**上杉**　犯罪の話で思い出したけど、橋下徹の入れ墨排除などもかなり問題だと思いま

**黒木昭雄**（1957 〜 2010）警察ジャーナリスト。元警察官。捜査するジャーナリストとして活動いたが、謎の死を遂げた。
**橋下徹**（1969 〜）政治家、元タレント、弁護士。現大阪市長（第 19 代）、大阪維新の会代表、前大阪府知事（民選第 17 代）。

す。

**森**　さきほども言ったように、体感治安が急激に悪化しているから、悪い奴は片っ端から捕まえましょうという趨勢になっているでしょう。危険な因子は社会から抹殺しようとの衝動がとても強い。でも入れ墨って危険人物のサインになんかなるのかしら？

**上杉**　僕は九州の柳川市の生まれですけど、子供の頃に田舎に帰るといっぱいいましたよ、入れ墨の人。親戚にも紋々背負っている人たくさんいるし、あれがダメってことは全員ダメってことか（笑）。

**森**　聞いた話ではあるけど、橋下のあの発言は、部落解放同盟潰しではないかとの説もあります。

**上杉**　ああ、そうでしょうね。

**森**　入れ墨の入っている市職員って、清掃課がほとんどでしょう。解放同盟の人が多いんです。でもだとしたら、どうして橋下が解同を潰そうとしているのかがよくわからない。出自とからんだルサンチマンの問題なのかもしれないし、同和利権を苦々しく思っている人は少なくないから、これもまた市場原理なのかもしれない。

**上杉**　たぶん、そうでしょうね。

**部落解放同盟**　部落差別の解消を謳う同和団体。民主党の支持団体の一つであり、同党に組織候補を送り出している。

**森**　橋下の政治手法は、「共通の敵を掲げてそれを攻撃することで人々の共感を得る」とよく言われていますよね。まあそもそもは小泉純一郎であり、ジョージ・ブッシュでもあるわけです。ヒトラーやアイゼンハワーや金正日だって同じ系譜です。その意味では新しい政治手法とはまったく思わないけれど。敵を探す嗅覚が鋭いことは確かでしょう。

**上杉**　あれはスタジオ手法と法廷闘争手法の二つを組み合わせたものです。スタジオ手法に関していうと、彼がやはりうまいのはまず明確な敵をつくる。そして議論を起こして抵抗勢力に仕立て上げ、その中の一人のスケープゴートを徹底的に攻撃する。議論に勝てば自分が相対的に高い位置にいけるわけです。でも、それは本当は幻想ですよ。実際には自分が高い位置に上ったわけではなくて、全体が下がっただけですから。それは彼の一貫した手法で、今回の入れ墨もやっぱりそれなのかなと思います。森さんがおっしゃったようにやはりなんらかのルサンチマンがあるのかもしれない。

まあ、確かに橋下さんが指摘するように市の清掃局・交通局で解放同盟の職員が一般企業の1・5倍の給与をもらっていて、それが公務員給与全体、ひいては大阪市財政を圧迫しているのは一部本当にあるかもしれません。でも、そこはやはり普通に議論して、丁寧なプロセスを踏んで改善していくべきであって、いきなり入れ墨を持ち出すという彼一流のやり方に僕は首肯できない。

**森**　入れ墨＝反社会的シンボルということかな。

**上杉**　それはちょっと行きすぎじゃないかなあ。だってファッション・タトゥーはどうするって話になるでしょう。

**森**　橋下徹に関してもう少し言うと、彼は善悪二元論の人です。善60％を善100％にして〝わかりやすさ〟を求める市場やメディアのニーズに応えた。本来、彼はもっとグレーなところにいた人なはずなのに、いきなり「悪を撃つ」とやって、善100％の存在になった。ただ橋下さんに対するメディアの評価にはいろいろあって、決して一色ではない。当然、批判もありますし、メディアが彼のカラーに染まりきっていないことが、まだ救いかなと思っています。橋下批判を最初にやったのは週刊文春・新潮なのに、両誌とも彼が大阪市長になったとたんに、相当にトーンダウンしましたね。

**上杉**　ただ出自を元に叩くというやり方を僕はどうしても理解できないんです。

**森**　それはだめです。

**上杉**　プライベートなことで批判するというのはダメです。たとえば今回の小沢報道でも「隠し子」って書くでしょう？　あのお子さんは隠し子ではないじゃないですか。

もう二十歳になっているけど、隠し子として生きてきたわけではなくて、非常に失礼だと思います。いかに公人といえども、人のプライベートをああいうふうに書くというのは非常に幼稚です。僕はよく「煽り屋」とか言われるんですけど、メディアのほうがよっぽど煽っていると思うんです。まあ、橋下氏に関してはネットでは賛否両論で、批判派と賛同派が半々ぐらい。そういう意味ではまだ健全なんじゃないかと思う。

## 冤罪も誤報も検証されない不条理

**森**　刑事司法の問題に戻りますけど、人々の体感治安が悪化し→捜査権力が無理をするようになり→冤罪が増えるという矢印の中では、取り返しのつかない事態も生じています。

1992年に福岡の飯塚で女児二人が殺害される事件が起き、福岡県警は2年後に同地に暮らす久間三千年さんを、殺人や略取誘拐などの容疑で逮捕しました。久間さんは一貫して事件との関連を否定し続けてきたけれど、一審二審判決は共に死刑。ところがこの裁判の決め手になったのは、足利事件の菅家利和さんが有罪と見なされた根拠と同じDNA鑑定法MCT118です。一般大学でのDNA鑑定方式では犯人と断定できないとされながら、結局は自白や物証がないままに、２００６年に最高裁で死刑が確定しました。ならば足利事件が冤罪と判明したときに、この裁判もやり直さねばならない。誰もがそう思うはずです。でもそれはもう不可能です。なぜなら検察が足利事件のＤＮＡ再鑑定を認めた直後の２００８年10月、久間さんは処刑されました。確定からたった2年後です。不自然なくらいに早い。なぜそんなに急いで処刑する必要があったのか。久間さんは最後まで自分の無実を主張していました。……この事件について考えるとき、組織化された人の無慈悲さや残忍さについても考えます。

**上杉**　冤罪に関してもそうですけど、それを検証するという姿勢が社会全体にまったくない。なぜ間違えたかを問い詰めることなく、「すみませんでした」で済んでしまう。とくにひどいのが報道。自分たちで「犯人は○○でした」と報じておいて、それが冤罪だった場合、なぜ検察や警察が間違えたのかを検証すべきなのに、「○○さん、家族と再会」だとか「○○さん、よかったですね」とかやる。そもそも○○さんの人権を蹂躙したのはお前らだろう。

**森**　たとえば松本サリン事件のときに、本当は被害者であった河野義行さんが重要参考人として取り調べを受け、マスコミがあたかも河野さんを犯人であるがごとく報道したことがありました。そのあと報道各社は謝罪したようだけど、あれは例外的だっ

**足利事件**　1990年5月、栃木県足利市のパチンコ店駐車場から女児が行方不明になり、渡良瀬川の河川敷で遺体となって発見された事件。
**菅家利和**（1948～）足利事件の冤罪被害者。2000年に無期懲役が確定したが、2010年3月、再審により無罪が確定した。

たのかな。さすがにひどすぎたから。

**上杉**　たとえば厚労省の村木厚子元局長の冤罪事件に関しては、マスコミは村木さんに謝罪していません。それから衆議院議員の牧義夫氏に関する朝日新聞の誤報問題。あれも裁判でも負けているにもかかわらず、朝日新聞は謝罪していません。マスコミは基本的にばれると謝るのです。河野さんの場合、もうばればれでしたし、警察が誤りを認めたから謝ったわけです。権力側が悪といえば悪、無罪だったからごめんなさいと言えば自分たちも謝る。自主的に謝ったことなどないです。

**森**　まあ理屈としては、自分たちは警察や検察の見方を書いただけだ、ということになるのかな。でもメディアにおける無罪推定原則が機能していれば、犯人視するかのような報道はできないはずです。

**上杉**　河野さんの事件で思い出すのは、事件当日、偶然にも僕は松本にいたのです。「ニュース23」を観ていたら県警本部長の会見を生放送で流していた。その時、河野義行、長野県松本市とはっきり名前を出してしまった。ワンクッションおいて記者が言うなら、まあ、わかります。でも、県警本部長の垂れ流しはさすがにまずいだろう、だいじょうぶかな「ニュース23」とそのとき思いました。当時、TBSは報道の雄だったわけです。それがこんなことをやるのかと、その時はかなり驚きました。案

**河野義行**（1950～）著述家。松本サリン事件の被害者。事件直後、警察およびマスコミに事件の有力な容疑者であるとみなされ、報道被害を受けた。

の定の結果になって、警察が間違いを認めたとき、筑紫哲也さんがどう言うのか注目していたのですけど、「私たちも反省しなければいけません」の一言で終わってしまった。なぜ反省しなければいけないのかがよくわからない。当時、ジャーナリズムの良心と言われていた筑紫さんですらこの程度の認識なのかと、かなりがっくりきた覚えがあります。

**森**　河野さんの場合、よりによって被害者が加害者にされてしまった。だからこそ「いくらなんでも」との空気があったからメディアも謝った。あのときは警察も河野さんに謝罪しました。でも警察垂れ流しを記事にすることで間違えましたと認めるなら、それをやめますと宣言すべきです。これもまた、記者クラブの弊害かもしれません。

無罪推定原則を厳守するならば、容疑段階では容疑者も被害者も匿名になるはずです。実際にそうした報道を実践している国は多い。韓国も実はそうです。容疑者の顔写真などは出さないし名字だけ。でも韓国は名字の数がとても少ない。金さんとか朴さんとか。だから名字だけなら実名を意味しません。ただし匿名報道原則については、捜査当局とメディアだけが容疑者や被害者の個人情報を握ってしまうことになるわけで、それは好ましくないとの見方もわかります。

北欧なども匿名報道です。事件がいつ、どのように、どんな理由と背景で起きたの

**村木厚子**（1955～）労働官僚。厚生労働省4人目の女性局長。2009年、虚偽有印公文書作成・同行使罪で起訴されたが、2010年に無罪判決。

かは、しっかりと伝えます。でも容疑者の名前とか写真とか、近所の評判とか子ども時代のエピソードとか、あるいは被害者の交友関係とか、これらの情報には社会が共有する価値がないとの判断です。つまり市場原理に埋没しない。いずれにせよ、デリケートでナイーブな問題です。実名と匿名の狭間でジャーナリズムは悩むべきです。ところが日本の組織メディアに帰属する人たちは、この問題については悩まない。ほとんど条件反射で仕事をしています。

**上杉**　僕自身の考えでは、悩んだ末の結論として実名報道を選ぶのであれば仕方ないと思います。各々のメディアが独自に判断すればいい。たとえば２００８年に起きた東金女児殺人事件——被疑者が軽度の知的障害を抱えていた——あの事件が起きたとき、たまたま僕は週刊朝日の編集部にいたのです。編集長の山口一臣さん（当時）と話しているときにちょうど事件が起きた。それで犯人の名前を出すか出さないかが問題になった。というのは、あのとき県警本部が記者会見のときに「この事件はまだちょっとわからないから、実名を出すかださないかはみなさんの判断です」と言ったのです。普通、警察はそういう表現をしません。そこで、僕は山口さんに「これは実名を出すのは危なくないですか」と言った。すると山口さんは「でもウチの本紙は出している、テレビをつけても全局が出している、どう思う？」と問うてくる。だか

**牧義夫**（1958～）政治家。衆議院議員（4期）。国民の生活が第一幹事長代行。郵便局の障がい者団体向け割引制の悪用をめぐり、朝日新聞から誤報被害を受けた。

ら、ここは出さない勇気も必要じゃないですか、と言いました。各社横並びである必要はないし、それは編集長判断で決めて、ちゃんとその旨を書いて出せばいい。逆の間違いは取り返しがつかないけど、こっちの間違いはトク落ちになるだけだからと進言したのです。それで週刊朝日だけ名前を出さなかったんですけど、結果、翌日から各社とも匿名報道になった。そんな体験もあって思うのは、メディアが自己判断で出す出さないを決めるのはいい。でも彼らが卑怯なのは権力側に決定権を委譲して、自らの仕事を放棄してしまうことです。権力側がOKといえば匿名を解除して名前を出す。それで間違えると権力が発表したんだから仕方ないだろうという――ようするに彼ら、記者の仕事をしていないんです。

この間も似たようなことがありました。北海道文化放送の番組「U型テレビ」に毎週月曜日に出演しているのですけど、そのとき図書館職員の女性が殺される事件があった。犯人は彼女の同僚で、2か月近くも警察にマークされていて、もうみんなわかっているわけです。わかっているのに彼に関係する映像だけモザイクをかけたりしているので、僕は「何をやってんの？　みんなわかってるんでしょう」と言った。すると局の人たちが、「いや、警察発表がちょうど1時間後の5時からあるからそれを待っている」という。それは自分から自局が警察の広報機関だと言っているようなものでしょう？　自分たちの取材を信じて出すのなら今出しなさい、出さないなら匿名報道にしなさいとアドバイスしたんですけど、結局、僕のその意見は無視されてしまいました。ただいま警察が発表しましたとなったら、その瞬間から実名とか彼の映像とかがダーッと出るわけです。「U型」はもっともマシな番組だと思います。だが、そこですら「私たちはすでに逮捕前から彼の映像を撮っていました」とかナレーションが語る。これはテレビだけではありません。日本の記者たちって、そういう権力依存体質が染み付いてしまっていて、自己判断能力を失ってしまっているのです。これはもう根が深すぎて、また絶望という言葉を使ってしまいます。

## メディアは所詮、人間が作るもの

**森**　ジャーナリズムにマニュアルや方程式など存在しない。ケビン・カーターが撮った写真「ハゲワシと少女」のエピソードはもちろんご存知ですよね。スーダン飢饉のとき、餓死寸前の女の子がうずくまるその横で、ハゲワシが彼女を狙うかのように近づいている瞬間を捉えた写真です。この写真でカーターはピューリッツァーを受賞したけれど、同時に「なぜシャッターを押す前に少女を救わなかったのか」と批判され、

**ケビン・カーター**（1960～1994）南アフリカ共和国の報道写真家。スーダンの飢餓を訴える写真「ハゲワシと少女」でピューリッツァー賞を受賞したが、同写真が報道倫理をめぐる論争を引き起こし、授賞式の1か月後に自殺した。

結局は自殺します。ただし自殺と批判との因果関係は不明です。ジャーナリズムの使命や機能について考えるとき、どうしても避けては通れない写真です。撮影を優先すべきだったのか。少女を助けるべきだったのか——撮影を優先させる理由はあります。この写真によってスーダン飢饉の悲惨さを世界に知らしめれば、もしかしたら劇的に状況を改善できるかもしれない。でもその前に、目の前の少女を救わずして何の報道なのか、という批判も立ち上がります。結局のところは正解などないと僕は思います。どちらも正しいし、どちらも間違っていない。正解などない。現場では誰もが悩みながら、自分自身の答えを探すしかない。ジャーナリズムはそんな領域です。常にケース・バイ・ケースです。でも企業ジャーナリズムにとってケース・バイ・ケースは、組織論理と齟齬を起こします。効率も悪いしマニュアル化もできない。リスク軽減も難しい。だからこそ葛藤や煩悶を回避する。現場で悩まなくなる。マニュアルを求め始める。こうして横並び報道が行われる。それはやっぱり、ジャーナリズムではなくてメディアです。

**上杉**　「ハゲワシと少女」は93年にニューヨーク・タイムズに掲載されました。アメリカのジャーナリズムが健全だなと思うのは、写真をめぐって大論争が起こると同時に、ニューヨーク・タイムズがカーター問題に関する委員会を作ったんです。彼が自

カーターの撮った「ハゲワシと少女」

殺する前に。そのとき、人命が優先されるのか報道が優先されるのかでまさしく丁々発止でした。

なぜあのとき少女を救わなかったという論があって、生前のカーターは委員会の聴聞を受けているんです。そのとき事実として明らかになったのは、カーターは少女を見殺しにしたのではなく、写真を撮ったあと大声でハゲワシを追い払い、近くにあった救援センターの職員が到着するまで彼女を見守っていたということです。このカーターの事例に基づいてできたのが「ケビン・カーター・ルール」。もし少女がハゲワシに食べられている最中だったら救援を優先すべきだったけれど、写真を撮った後に彼女を助けたのだから結果として彼は間違えていないということです。それで、あのテーマは一件落着となったわけです。

その「ケビン・カーター・ルール」をさらに普遍化して、ニューヨーク・タイムズでは独自のタイムズ・ルールを作りました。実際の戦場などでは、もっと複雑なケースがあります。目の前で兵士が射殺されるような場面に遭遇することも多々あります。タイムズで決めたのが、戦争の悲惨さを伝えるために、カメラマンはまず撮ることが重要である。その次に人命救助など、自分にできることをやる。他のメディアにはまた別のルールがあるのかもしれませんけれど、重要なのはメディア各社がそういうことが起こるたびに自分を見つめ直し、改善すべきは改善し、議論しながらルールを作っていくことをアメリカのメディアは不断にやっているということ。翻って日本のメディアはどうでしょうか。オウム報道を検証するとか、一応は言います。でも坂本弁護士一家の事件とメディアのかかわりなど、まったく検証されていません。自分たちの言い訳ばかりです。海外メディアのような、最終的には自分たちの中の誰かのキャリアが終わるぐらいの厳しさで自己検証する姿勢は、残念ながら日本にはない。

**森**　ケビン・カーター・ルールの場合も、ルールといいながら境界は明確ではありません。何センチまで近づいたら助けるべきなのか。ハゲワシの数や少女がどの程度衰弱しているかによっても違います。つまりマニュアル化できない。自分が現場で判断するしかないのです。こうして記者やディレクターやカメラマンが現場でケース・バイ・ケース、パーソン・バイ・パーソンで判断した記事や映像を僕たちは読んだり見たりするわけです。そこにあるのは客観的な事実などではない。記者やディレクターやカメラマンの視点であり、主観でもあるわけです。

これを知ることがメディア・リテラシーだと僕は思っています。現象や事象は無限に多面的で多重的です。視点によってまったく違う光景が現れる。記事は誰かが書いているし写真は誰かが撮っているし、映像は誰かが編集しているのだということに気づくことです。とても当たり前のことです。書く人や撮る人が現場で悩んだりすることも当たり前です。それがジャーナリズムです。決めるのは自分です。ところが日本では、あたかも天の意志のようなものが記事を書いたり語ったりしている。

**上杉**　天声人語ですね（笑）。

**森**　例えば中立の概念もそうですよ。中立の意味はA点とB点から等距離にあること。そこまではいい。でも問題は、そのA点とB点を誰が決めるかです。つまり座標軸。誰かが決めています。天が決めているわけではない。やはりこれも「誰かの主観」です。でも問題は「誰かの主観」のはずが、視聴率や部数、あるいは上司の機嫌、さらにはスポンサーや政権与党の思惑などに左右されることです。それは主観ではない。組織論理によって設定された座標軸です。こうして市場原理が加速します。

**上杉**　「Op-ed」と「correction」の話はしましたけど、海外では価値観の多様性——つまり人は皆違う環境に生まれ育ち、価値観がそれぞれ違うんだから、モノの見方も違って当たり前という感覚が根付いている。それと森さんがおっしゃったように、メディアなんて所詮、人間が作るものなんだから間違えるのが当たり前だという認識も共有されている。ところが日本には天から降りてきた新聞（笑）があったり、絶対的に普遍・公正・中立なＮＨＫがあったりするから、それらへの盲信が生まれる。そしてそれらが間違えるとパニックを起こす。

**森**　放射能問題などに関しても「安全だ」という人もいれば「危ない」という人もいて、それ自体は当たり前なのです。よく質問されるのが「いったい何を信じればいいんですか」という問いです。その質問が出てくること自体が間違いです。メディアに対して使う動詞は「信じる」ではありません。絶対にダメです。

**上杉**　僕も講演会を開くと100％その質問が出ます。中には僕を信じるという人もいるので、「迷惑です。やめてください、僕だって間違えますから」と毎回はっきり申し上げる。何から何まで疑えというわけではありません。誰でも正しいときもあれば間違うこともあるという、当たり前の話です。何か日本では考え方が極端から極端に走ってしまう傾向がある。

**森**　だから「マスゴミ」なんていう言葉が生まれてしまう。ゴミではない、大切なものです。使いかたを間違えれば世界を壊します。でも正しく使えば、よりよい世界を実現することもできるはずです。

**上杉**　僕がずっと言ってきているのは、そうはいっても日本の言論空間は既存マスコミが作ってきたわけだし、彼らには能力があるのだから、自ら新しい言論空間を作ればいいわけです。できるんですよ、人も沢山いるし。それをやらないから日隅《ひずみ》一雄さ

**日隅一雄**（1963～2012）弁護士、元産經新聞記者。インターネット新聞「News for the People in Japan」の編集長を務めた。マスコミ出身の弁護士として活躍。

んに「マスゴミ」といわれてしまう。僕はその言葉嫌いだから絶対に使いませんが、あんなに優秀な人たちがあつまっているのに、自らが担うべき機能を自己否定してしまっている。もったいないですよ。だって、どこの国に行っても記者なんていい加減な人間だらけです。僕なんて海外の記者から見れば普通ですからね、このいい加減さは。

**森**　上杉さんのいい加減さは結構、いいところにいっているかもしれない(笑)。でも、それは大事なことです。「ひばくなう」みたいな方法論って、それはそれで一理あるなと聞いていて思いました。

**上杉**　僕だって、よく間違えるわけです。でもあえて「間違えた」と言うということを、ここ数年やってきて、それに気づいてくれた人がある程度の人数いるってことが救いです。いいじゃないですか、間違えても。でもそれを言うと、今メディアの上の方にいる人ほど「ふざけるな」になってしまう。

**森**　いずれにせよ情報を遮断して生きていくことはできないわけですし、マスメディアなしの社会などあり得ない。確かにかつてはあったかもしれないけれど、人は進化や進歩の蓄積を簡単には手放せません。であるならば、ジャーナリズムを健全化していくしかない。「こんなものいらない」というわけにはいかないですから。

# おわりに

「もう、これで、終わりですか?」

真剣な読者でもない、映画もほとんど見たことのない私だが、森達也さんとの2回の対談を終えて、最初に口をついて出た言葉はこれだった。

なんと知的に愉快な時間だったのだろう。いま、こうして振り返っても、あの知的な興奮が甦ってくる。

私は疲れていた。

日本のメディアの作る頑迷ともいえる言論空間の不健全さと、それらを構成する無邪気ではあるが偏狭な人々との付き合い、さらには決して変わろうとしないシステムの守旧性に、心から疲れ切っていたのだ。

無理もないだろう。記者クラブシステムを象徴とする「官報複合体」という不健全なシステムにぶつかって、もう12年が過ぎようとしているのだ。

確かに、ニューヨーク・タイムズで働き始めた1999年当時、いや「官報複合体」という言葉を考えついた2002年、いやいや、『ジャーナリズム崩壊』を世に問うた

２００８年と比すれば、ずっと情況はマシになっている。

少なくとも「記者クラブ問題」という言葉は、ある程度の市民権を得て、その制度が、健全な言論空間のためには、決して好ましいものではないということを少なくない人々が気づきだしている。

だが、それでも、米紙で働き、海外での取材を続けている私から言わせれば不十分だ。

３・11以降の震災報道、とりわけ、どのメディアも機能不全どころか逆機能をきたすようになってしまった、うんざりするような「原発報道」を通じて、私はすっかり気力を失いかけていた。

もう、この国のメディア環境は何を言っても変わらないのだろう、と、震災直後、海外のメディアへのインタビューなどで吐露してきた諦観がさらに心を支配するようになっていたのだ。

とはいうものの、私は決してあきらめたわけではなかった。

震災直後、圧倒的な存在感を示し、多くの人々に、政府やメディアの発するものとは違う、カウンターとなる情報を提供する「場」としての自由報道協会の活動は順調で、10月には公益社団法人になり、私は代表から理事長となった。

また、メディアカンパニー「NO BORDER」の活動はさらに順調で、設立半年も立たずして、自らの思い描いていた「ミドルメディア構想」に少しずつではあるが近づくことができている。

そう、日本の言論空間の健全化のための活動は、私財と時間を労しながらも継続している。当然にそれは共感してくれる人々が多く現れ、彼ら、あるいはまた彼女たちが、少しの得もないにもかかわらず、健全な志で支えてくれるから可能となっているのだ。

だが、それでも私個人は疲弊していた。そうした団体、会社、あるいはチームとしての活動とは別に、個人としての活動と発信、とりわけ、上杉隆個人として取材したり、誰かにインタビューをしたり、あるいは何らかのアウトプットをすることにもう、気力が湧かなくなってしまっていたのだ。

とくに、共通言語を持たない相手との対談は、それが決して意見の相違ではなく、前提となる思考のズレという理由によって敬遠気味になっていった。

それは多様性を認めない、自らの価値観を押し付けてくるという日本の言論人の特異な傾向が、私自身にとってストレスになっていたことが大きかった。

だから、森さんとの対談のプランをビジネス社の唐津さんから提示されたとき、私は一瞬、いや実は相当躊躇していたのである。

しかし、別にそこで気にしても仕方ない。言いたいことを言って、森さんが途中で怒って帰ってもいいや、森さんとの関係が壊れても、地球は回っているし、日本が滅ぶわけでも、私自身の命を取られるわけでもない。さらには、森さん自身にとっても、もしかしたら私との対談がフイになったらそれはそれで、むしろプラスになるのかもしれない――。

そんなことを考えていたら、森さんとの関係を築いてきた唐津さんには申し訳ないが、結果などどうでもよくなった。

そこでいつもの適当な感じで、「対談、やりましょう！」と返事をしている自分に気づいたというわけだ。

とはいえ、森さんとの対談が始まると、それは楽しくて仕方のない時間に変わった。

昨年、堀江貴文さんとの対談本を出したときも、三回にわたって対談したのだが、一番の楽しみは、堀江さんと意見がぶつかり合い、議論になることだった。

それは一見すると喧嘩をしているようにみえるかもしれない。だが、堀江さんとの間では意見の違いが人間関係の決裂に向かうことは一切なかった。

そこには私のいう「共通言語」があったからだ。

私の指す「共通言語」とは、文字通りの意味ではなく、多様性を認める価値観で論じることができるかどうか、ということだ。

人はみなそれぞれ違っている。親も、兄弟姉妹も、生まれ育った環境も、通った学校も、社会での交友関係も、みな異なっている。そうした環境の差異こそが、多様な思考（アイディア）を生みだしているのだろう。

だからこそ、そうした多様性が、風通しのよい健全な民主主義社会を生成する不可欠な要件になって、違いをぶつけあう、知的な刺激を得ることになるのだ。

私が疲れていたのは、日本の記者クラブ制度は、まさしくそうした多様性を否定し、価値観を一元化するシステムであるし、とりわけ3・11以降、そうした多様な価値観を否定するような言動に走る感情的なジャーナリストや評論家に関わってしまったということに理由があった。

だから、森さんが、堀江さんのような「共通言語」を持つ人物、いや堀江さんや私以上に、多様な価値観を大切にする人物であることを知って、対談の日が待ち遠しい、とさえ思うようになったのだ。

価値観の多様性を担保する以外に、健全な言論空間を構築することは不可能だ。それはこの12年間、私自身がメディアの中にいて苦しみ悩んでようやくたどり着いた結論である。

海外メディアの記者と話したり、あるいは外国にいて不自由な言論に身を置いたりしたときの私は、ほとんど疲労を感じない。それは、堀江さんのよく使う「同調圧力」、あるいは森さんの言う「共同幻想」が日本国内と違って、相対的に存在しにくく、むしろ私のいう「共通言語」、裏返せば多様な価値観を認める言論空間の存在があることからではないか。

それにしても、インターネットの申し子であり、社会の異端児でもある若い堀江さんが、そうした思考を身に着けていたのは想像に難くない。いまの日本の40歳以下には、東浩紀さんや開沼博さんのように、議論の違いと自他との価値観のぶつかり合いを軽く楽しんでしまう世代が普通に存在している。

だが、不思議なのは森さんだ。森達也さん、56歳。決して、そうした世代でも、あるいは私のように、海外のメディア空間に身を置いた経験もない。果たして、どうやってそうした「共通言語」を身に着けたのだろうか。

本書では、その秘密になんとか迫ろうとあがく私の姿を確認できたはずだ。そして、それに対する森さんの回答も——。

それはここであえて記さなくとも、読者のみなさんはもう承知していることだと信じる。

そうした疲労感のない森さんとの対談は、本当に知的刺激の連続だった。

だから、予定回数とその終了時刻の訪れた瞬間、自然に冒頭の言葉が口をついて出たのである。

森さんは、私とのこの対談がアウフヘーベンするかどうかを、最終的に読者に委ねた。

私もそれに同意する。だが、さらに私なりに結論すれば、この対談をテーゼに、（あるいはアンタイテーゼでもいいが）、さらに別個のアウフヘーベンを、みなさん読者との間で止揚できたら、うれしい限りだ。

なぜなら、そうした意見のぶつかり合う作業こそが、社会に多様性をもたらし、日本の言論空間の健全性に役立つと信じているからだ。

本書が、そうしたメディア空間を考えるきっかけになれば、私のこれまでの疲労も、健康で心地の好い「筋肉痛」に変わるに違いないだろう。

上杉隆

●著者略歴

**森達也**（もり・たつや）

1956年広島県生まれ。86年、テレビ制作会社に入社。デビュー作は小人プロレスのテレビドキュメント作品。以降、報道系、ドキュメンタリー系の番組を中心に数々の作品を手がける。98年、オウム真理教の荒木浩を主人公にするドキュメンタリー映画『Ａ』を公開。2001年、続編『Ａ２』が山形国際ドキュメンタリー映画祭で特別賞・市民賞を受賞。現在は執筆が中心。近著に、第33回講談社ノンフィクション賞を受賞した『Ａ３』(集英社インターナショナル)、『僕のお父さんは東電の社員です』(現代書館)、『311を撮る』(共著、岩波書店)、『オカルト』（角川書店）などがある。

**上杉隆**（うえすぎ・たかし）

1968年福岡県生まれ。ホテル、テレビ局、衆議院議員公設秘書、ニューヨーク・タイムズ東京支局取材記者などを経て、フリージャーナリストに。政治、メディア、ゴルフなどを中心に活躍中。著書に『国家の恥』『小鳥と柴犬と小沢イチローと』（ビジネス社）、『新聞・テレビはなぜ平気で「ウソ」をつくのか』（ＰＨＰ）、『だからテレビに嫌われる』（堀江貴文氏と共著、大和書房）、『放課後ゴルフ倶楽部』（ゴルフダイジェスト社）、『ジャーナリズム崩壊』（幻冬舎）、『官邸崩壊』（新潮社）などがある。ツィッターアカウント@uesugitakashi

**誰がこの国を壊すのか**

2012年11月22日　初版発行

著　者　森　達也　上杉　隆
発行者　唐津　隆
発行所　株式会社ビジネス社
〒162－0805　東京都新宿区矢来町114番地
神楽坂高橋ビル5F
電話　03－5227－1602　FAX 03－5227－1603
URL　http://www.business-sha.co.jp/

〈印刷・製本〉モリモト印刷株式会社
〈装丁〉大谷昌稔（パワーハウス）
〈カバー写真〉外川　孝
〈企画・構成〉別府雅人
〈本文DTP〉創生社
〈編集〉本田朋子〈営業〉山口健志


ISBN978-4-8284-1686-1